von Julena
geschenkt

bekommen

zum 17. 7. 87
2011

E. J Marlene
Schoss.-Witte

henschel SCHAUSPIEL *edition* #9

Ob kraftvolle Komödie, existenzialistisches Poem oder sketchartige Parodie – alle drei in diesem Band vereinten Stücke junger serbischer Dramatikerinnen beschreiben Konflikte und Befindlichkeiten, wie sie symptomatischer nicht sein könnten für das heutige Serbien. Biljana Srbljanović erzählt von dem komplizierten Verhältnis der verschiedenen Generationen in ihrem Land, von der allgegenwärtigen Kunst des Verdrängens und des Selbstbetrugs, von unterdrückten Vorwürfen, Hassgefühlen und Enttäuschungen auf allen Seiten. Milena Marković wendet sich vor allem Menschen zu, die ihr Leben im Ausnahmezustand verbringen, deren seelische Verwahrlosung zum Spiegelbild der Verödung ganzer Landstriche geworden ist. Maja Pelević wiederum, zehn Jahre jünger als ihre beiden Kolleginnen und kaum noch geprägt von sozialistischer Vergangenheit und traumatischen Bürgerkriegserlebnissen, interessiert sich für den holprigen Selbstfindungsprozess moderner Frauen, die sich umstellt sehen von Schönheitssalons, Fitnessstudios, Lifestylemagazinen und Ernährungsratgebern. Und bei aller Verankerung der Figuren dieser Stücke in einem fernen, etwas anderen Alltag sind sie uns sehr nah in ihren Nöten, ihrem Humor und ihren Überlebensstrategien.

Biljana Srbljanović
Heuschrecken

Milena Marković
Der Wald leuchtet

Maja Pelević
Orangenhaut

Stücke

Aus dem Serbischen
von Mirjana und Klaus Wittmann

henschel SCHAUSPIEL

Die Herausgabe dieses Buches wurde großzügig gefördert durch das **Kulturministerium der Republik Serbien** sowie durch **TRADUKI**, ein literarisches Netzwerk, dem das Bundesministerium für europäische und internationale Angelegenheiten der Republik Österreich, das Auswärtige Amt der Bundesrepublik Deutschland, die Schweizer Kulturstiftung Pro Helvetia, KulturKontakt Austria, das Goethe-Institut, die Slowenische Buchagentur JAK und die S.Fischer Stiftung angehören.

henschel SCHAUSPIEL *edition* #9
1. Auflage März 2011
© henschel SCHAUSPIEL Theaterverlag Berlin 2011
Die Deutsche Bibliothek verzeichnet diese Publikation in der Deutschen Nationalbibliographie; detaillierte bibliographische Daten sind im Internet über http://dnb.ddb.de abrufbar.
Illustrationen: © Franziska Schaum, Berlin www.schaum.tv
Umschlaggestaltung: Jana Weiz
Satz: henschel SCHAUSPIEL
Foto: privat; Lektorat: Christina Links
Druck: Schaltungsdienst Lange oHG, Berlin / Gutendruck, Berlin
Printed in Germany
ISBN 978-3-940100-9-2

Inhalt

Biljana Srbljanović

Heuschrecken

Originaltitel: Skakavci

Für Gabriel

Nadežda, 35
Milan, 35
Dada, 36
Fredi, 39
Alegra, 10
Žana, 50
Maksim (Maks), 55
Herr Ignjatović, 75, Akademiemitglied, Milans Vater
Herr Jović, 80, ein Niemand, Fredis und Dadas Vater
Herr Simić, 77, ein Niemand, mit keinem verwandt oder
verschwägert
Frau Petrović, 78, Žanas Mutter

Die Handlung spielt in zwei Teilen, am Anfang und am
Ende eines Sommers.
Alle Helden sind sehr alt, insbesondere die jüngsten.
Es gibt viele Räume, die in allen Einzelheiten beschrieben
werden, aber das ist nicht wörtlich zu nehmen.
Alle essen ständig, immer und überall regnet es.

Erster Teil

I.

Ein beliebtes Restaurant, verqualmt und laut. Gelbliche Lampen spenden ein tristes Licht. Bratölgeruch zieht in Kleidung, Nase und Haut ein. Es ist Juni, und man säße gern draußen, im Garten, wenn es nicht schon wieder regnete. Hier drinnen jedoch ist die Luft stickig, das Essen schwer verdaulich und teuer. Dennoch ist das Restaurant immer bis tief in die Nacht voll. Es ist unter anderem auch deswegen so beliebt, weil dort auch der schlechteste Mensch am Nebentisch immer einem noch schlechteren begegnet.

An einem der Tische sitzen Nadežda und Maksim (Maks).

Maks, ein Mann mit einer gestylten Frisur, prostet mit heimischem Wein einem seiner Gegner irgendwo an einem Tisch außerhalb unseres Blickfeldes zu.

Maks hat sich mit seinen fünfundfünfzig Jahren äußerst gut gehalten. Kein Wunder, denn ständig und eifrig tut er etwas dafür. Braungebrannt, immer leicht geschminkt, die Haare diskret getönt, schlank, gut gebaut – er sieht gut aus für all die, die das nicht lächerlich finden.

Einzig seine Zähne sind hässlich: kariöse Stümpfe, von Porzellankronen verdeckt, die zu ebenmäßig, zu weiß sind, dazu auch noch aussehen, als seien sie eine Nummer zu groß. Maks' Gebiss erzählt die traurige Geschichte dieses Mannes, legt Zeugnis ab über sein Alter und den gesellschaftlichen Status seiner Eltern, die nie mit ihm zum Zahnarzt gingen. Wäre man mit ihm vertraut, und käme das Gespräch auf dieses Thema, würde Maks erklären, dass die Ursache genetischen Ursprungs sei, und dass auch bei seinem Vater und Großvater die Zähne wie Kreide zerbröckelten. Dass sein Vater und sein Großvater als Kinder ebenfalls nie zum Zahnarzt gegangen sind, spricht möglicherweise für die genetische Ursache, ändert aber nichts an der Sache selbst. Maks litt sein Leben lang an Zahnschmerzen, und er tut es auch jetzt noch, obwohl er fast keine eigenen Zähne mehr hat.

Aber genug von Maks. Nadežda soll sich lieber selbst vorstellen.

NADEŽDA Wer war das eben?

Maks und Nadežda haben Teller vor sich. Maks hat schon alles aufgegessen, Nadežda nicht einmal die Hälfte. Maks dreht sich diskret um.

MAKS Ein Trottel. – Sie essen aber wenig. Schmeckt es Ihnen nicht?

Nadežda schaut die ganze Zeit an Maks vorbei irgendwohin, mustert die Leute im Restaurant, beobachtet, was sie essen, trinken, tun. Nur von Zeit zu Zeit schiebt sie einen Bissen in den Mund.

NADEŽDA Oh doch. Das Steak ist vorzüglich.

Maks blickt diskret auf seine Uhr.

MAKS Aber es schmeckt Ihnen nicht. Geben Sie es ruhig zu.

Nadežda widmet sich wieder ihrem Teller. Maks beobachtet sie, also muss sie essen. Sie nimmt ein Stück Fleisch und kaut langsam darauf herum.

Ihr Fleisch muss ja völlig kalt geworden sein. Es sieht aus wie eine Schuhsohle. Soll ich Ihnen etwas anderes bestellen?

Maks hebt die Hand, um den Kellner zu rufen.

NADEŽDA Nein, nein, nicht nötig.

Der Kellner erscheint nicht. Er erscheint nie, denn in diesem Stück gibt es keine Nebenrollen.

Nadežda hält Maks auf.

Bitte nicht. Alles ist in bester Ordnung. Guck, ich esse ja.

Nadežda schiebt sich ein großes Stück Fleisch in den Mund und kaut. Vom bloßen Zusehen bekommt Maks Zahnschmerzen.

MAKS Das ist nicht gut für die Kiefer. Meinetwegen müssen Sie es nicht aufessen. Ich bin doch nicht Ihr ...

NADEŽDA ... Vater?

MAKS Das auch nicht. Aber ich wollte sagen, Ihr Aufpasser.

NADEŽDA Es war nur ein Scherz.

Nadežda lacht. Sie lacht immer über ihre Scherze.

MAKS Ach ja?

NADEŽDA Ehrlich gesagt, weiß ich nicht, ob ich das wirklich zum Lachen finde, oder ob ich einfach etwas nervös bin.

Maks ist das egal. Er hat jetzt Zahnschmerzen, alles andere interessiert ihn nicht.

MAKS Ich weiß es auch nicht.

NADEŽDA Übrigens, ich habe keinen Vater. Er starb, als ich noch ein Kind war. Weißt du, du erinnerst mich ein bisschen an ihn.

MAKS Wieder ein Scherz?

NADEŽDA Findest du das nicht zum Lachen?

Nadežda findet es, Maks ganz und gar nicht.

MAKS Sehr.

NADEŽDA Keine Sorge, eine Mutter habe ich auch nicht. Und damit es klar ist: Ich suche in dir weder einen Vater noch eine Mutter. Die Menschen neigen immer dazu, die Dinge zu vereinfachen.

MAKS Sind Sie schwierig?

NADEŽDA Ja, s i e sind sehr schwierig.

Maks hat keine Lust, dieses Gespräch zu vertiefen. Er kühlt seine Hand am Eiskübel und legt sie dann auf die Wange.

Bestell dir ruhig schon einen Nachtisch. Warte nicht auf mich.

Maks macht eine abweisende Miene.

MAKS Ich esse keine Süßigkeiten.

NADEŽDA Wegen der Zähne?

MAKS Wegen der Linie.

NADEŽDA Ich achte nicht drauf.

Dabei sollte sie es tun, denn sie platzt aus allen Nähten.

MAKS Sie haben es auch nicht nötig.

NADEŽDA Du solltest schon aufpassen, in deinem Alter wiegt man im Nu zu viel.

Maks ist nicht einverstanden.

MAKS In meinem Alter?

NADEŽDA Oh, jetzt habe ich dich gekränkt.

MAKS Nein, keineswegs.

NADEŽDA Doch, ich sehe, ich hab dich gekränkt. Ich will dir etwas sagen: Für dein Alter siehst du prima aus. Echt, du bist ohne Makel. Beinahe.

MAKS Beinahe?

NADEŽDA Na ja, die Zähne und das Haar. Und überhaupt ...

Maks unterbricht sie.

MAKS Nadežda ... Nadežda, stimmt das?

Nadežda nickt.

Wir brauchen nicht weiter auf Einzelheiten einzugehen.

NADEŽDA Aber du hast mich doch gefragt.

MAKS Nichts habe ich Sie gefragt. Ich weiß genau, wie alt ich bin, dafür brauche ich Sie nicht. Außerdem sind Sie auch nicht gerade die Jüngste. Sie sind, würde ich sagen, etwa ...

NADEŽDA Fünfunddreißig.

MAKS Na sehen Sie. Wer hätte das gedacht.

NADEŽDA Keiner, das weiß ich. Meine Oma sagt, ich hätte mich seit meiner ersten Monatsblutung nicht mehr verändert. Ich könnte sowohl ein minderjähriges Mädchen als auch Mutter eines Gymnasiasten sein.

MAKS Und, sind Sie es?

NADEŽDA Nein. Ich bin allein.

MAKS Sie haben eine Großmutter.

NADEŽDA Eigentlich auch nicht.

MAKS Ist sie etwa auch gestorben?

NADEŽDA Nein. Wieso?

Maks hält inne. Das Ganze interessiert ihn nicht im Geringsten. Deshalb wird er zynisch.

MAKS Sie sind wirklich schwierig. Zum Glück sehen Sie gut aus. Deshalb wundert es mich, dass Sie allein sein sollen.

NADEŽDA Wenn man zynisch ist, bekommt man Zahnschmerzen. Sogar ohne eigene Zähne.

MAKS Das kommt von den Nebenhöhlen.

NADEŽDA Das kommt von den Zähnen. Und davon, dass du boshaft bist. Versuch mal, liebenswürdig zu sein. Du wirst sehen, wie schnell der Schmerz weg ist.

MAKS Diese Weisheit, nehme ich an, stammt ebenfalls von Ihrer Oma.

Nadežda fährt fort, als habe sie nichts gehört.

NADEŽDA Ich weiß, dass ich nicht besonders gut aussehe. Dick bin ich zwar nicht, aber ... rund. Und auch weich. Jemand sagte mir, ich erinnere ihn an ein Kissen ... Und das war nicht meine Oma.

MAKS Ich habe nichts gesagt.

NADEŽDA Und doch kann ich mir gut vorstellen, dass mich manche Männer sehr attraktiv finden. Solche, die gern mit Frauen schlafen, mit denen sie nicht gern ausgehen. Und ich wiederum mag in Lokale gehen, in die mich die, mit denen ich gern schlafe, nicht ausführen können. So ist das Leben.

Maks ist gerührt von Nadeždas Offenheit.

MAKS Und, gefällt es dir hier?

NADEŽDA Es gefällt mir. Danke übrigens, dass du mich endlich duzt.

Maks lächelt aufrichtig.

Tut es nicht mehr weh?

MAKS Die Schmerztablette hilft endlich.

NADEŽDA Schön für dich, wenn du daran glaubst.

MAKS Ich wirke bestimmt etwas altmodisch, nicht wahr? In meinem Alter ist es üblich, dass man sich siezt. Wir kennen uns ja nicht sehr gut.

NADEŽDA Aber wir waren auf dem besten Wege. Vorhin, im Auto ...

MAKS Nicht so laut. Hier kennen mich alle.

Maks wird es gleich wieder peinlich. Er versinkt in seinem Stuhl.

Nadežda spricht leiser.

NADEŽDA Wenn du Lust hast, können wir nachher zu mir gehen.

MAKS Lieber nicht, es ist schon spät.

NADEŽDA Das kommt von deinen Schmerzmitteln. Davon kann man impotent werden.

Auch damit ist Nadežda ins Fettnäpfchen getreten. Maks wird wieder boshaft.

MAKS Dein Wissen ist wohl grenzenlos? Man glaubt kaum, dass du nur eine einfache Maskenbildnerin bist.

NADEŽDA In der Schule war ich nicht besonders gut.

MAKS Wer hätte das gedacht.

Vor Aufregung bekommt Maks wieder Zahnschmerzen. Er fasst sich an die Backe.

NADEŽDA Tut es wieder weh? Ich habs ja gesagt ...

Maks nimmt sofort die Hand weg, entschlossen, vor dieser Frau kein Anzeichen von Aufgeregtheit mehr erkennen zu lassen.

MAKS Du solltest wissen, dass mein Großvater auch nach fünfzig Jahren Ehe meine Großmutter noch gesiezt hat.

NADEŽDA Das ist aber komisch.

MAKS Ja, so war es früher, als man noch Anstandsregeln kannte.

NADEŽDA Hatte dein Opa ein Auto?

MAKS Natürlich, schon vor dem Krieg. Ein Auto und einen Chauffeur.

NADEŽDA Das heißt, dein Opa hat deine Oma gesiezt, wenn er ihr im Auto den Vorschlag machte ...

Maks lässt sie nicht zu Ende sprechen. Nadežda lacht.

MAKS Genug. Hör bitte auf.

NADEŽDA Das war ein Scherz.

MAKS Und ich, stell dir vor, finde ihn gar nicht komisch.

NADEŽDA Schon gut. Sei mir nicht böse.

MAKS Wir leben in verschiedenen Welten.

Nadežda wird traurig. Sie legt die Gabel ab, schiebt den Teller von sich.

NADEŽDA Ich weiß! Das weiß ich. Sollen wir jetzt gehen?

Maks tut sie irgendwie leid.

MAKS So habe ich es nicht gemeint. Ich wollte nur sagen, dass wir verschiedenen Generationen angehören. Ich bin fünfzehn Jahre älter als du.

NADEŽDA Zwanzig.

MAKS Zwanzig. Also gut, zwanzig ... Auch das weißt du?

NADEŽDA Es steht im Internet.

MAKS Im Internet findet man aber auch alles.

NADEŽDA Du siehst wirklich super aus. Ich an deiner Stelle würde mich überhaupt nicht schminken lassen.

MAKS Das ist aber nicht eine Frage des Alters, sondern der Professionalität. Ich bin, wie soll ich sagen, eine Fernsehgröße. Die paar Leute, die meine Sendungen verfolgen, erwarten ein gewisses Aussehen von mir!

NADEŽDA Wenn es nur ein paar sind, kannst du doch auf sie pfeifen.

MAKS Wie meinst du das? Meine Sendung sehen eins Komma acht Millionen Menschen. Jeden Sonntag.

NADEŽDA Tatsächlich?

MAKS Und das sind für dich nur ein paar?

NADEŽDA Für mich nicht. Du hast es gesagt.

MAKS Das war ironisch gemeint. Du w e i ß t doch, wer ich bin.

Nadežda sieht ihn schweigend an, Maks weiß nicht, womit er anfangen soll.

Ich bin ... ich bin eine Ikone des Fernsehjournalismus. Mein Einfluss ist so groß, dass ich zum Beispiel den Regierungschef absetzen könnte. Wenn ich es nur wollte. Ich kann es, verstehst du das?

NADEŽDA Gut, jetzt verstehe ich es. Ich gucke nicht fern. Aber warum solltest du ihn absetzen? Ist er ... nicht in Ordnung?

MAKS Es geht doch nicht um ihn, er ist ganz und gar unwichtig ... Weißt du überhaupt, wer im Augenblick der Regierungschef ist?

Nadežda zuckt mit den Achseln.

Ich habe dir das nur als ein Beispiel genannt. Nur um dir zu zeigen, wie groß die Macht des Mediums ist, bei dem du beschäftigt bist.

NADEŽDA Ich schmink ja nur.

MAKS Gut, jetzt schminkst du. So fängt man an. Danach steigst du auf. Falls jemand dich empfiehlt, falls man auf dich aufmerksam wird. Du könntest zum Beispiel Nachrichtensprecherin werden.

NADEŽDA Ich? Das ist etwas für dumme Gänse.

MAKS Und Maskenbildnerin, ist das vielleicht etwas für kluge Köpfe?

Nadežda antwortet nicht.

Hast du denn keinen Ehrgeiz?

NADEŽDA Doch. Ich möchte gern ... für jemanden sorgen.

MAKS Ach so. Du möchtest wohl heiraten?

NADEŽDA Eigentlich nicht. Dafür bin ich schon zu alt.

Maks lacht. Aufrichtig.

MAKS Alt? Du zu alt?

NADEŽDA Eine alte Jungfer.

MAKS Wer hat dir das eingeredet? Ach so, ich weiß schon. Deine Oma?

NADEŽDA Keiner. Ich fühle mich einfach so. Alt.

Maks lacht. Nimmt Nadeždas Hand.

MAKS Ach, mein Schatz, wenn du dich alt fühlst, was soll ich dann sagen?

Maks sieht Nadežda mit einer Zärtlichkeit an, die er nicht definieren kann. Der Altersunterschied weckt in ihm etwas wie das Bedürfnis, sie zu beschützen.

NADEŽDA Ich mag es, wenn du „Schatz" zu mir sagst.

Aus welchem Grund auch immer, wird Maks auf einmal zärtlich. Eine kleine Träne, als Folge des Lachens oder einer Gefühlsrührung, löst sich von den Wimpern seines linken Auges.

MAKS Mein Schatz.

Maks wischt sich die Augen. Nadežda sieht ihn fast verliebt an.

NADEŽDA Deine Wimperntusche zerläuft.

Nadežda taucht den Zipfel ihrer Serviette in das Wasserglas vor sich, wischt Maks ab.

MAKS Ich habe vergessen, sie zu entfernen. Schon gut. Das genügt.

NADEŽDA Da ist noch was geblieben ...

Maks packt Nadeždas Hand, schiebt sie weg.

MAKS Genug, hab ich gesagt.

Schon wieder lacht keiner mehr, alles ist wieder verkrampft. Maks blickt irgendwohin in die Ferne, versucht, den Kellner herbeizurufen.

Nur drei Kellner bei so vielen Tischen. Und einer ist auch noch blind! Unmöglich, einen zu rufen. Gib mir ein Zeichen, wenn du ihn siehst. Ich möchte bezahlen.

Nadežda glotzt um sich. Sucht einen Kellner.

So eilig ist es auch wieder nicht. Nur falls du einen siehst ...

NADEŽDA Ich sehe keinen Kellner, dafür einen Mann, der ständig zu dir rüberschaut.

Maks dreht sich nicht um. Nippt am Wein, plustert sich auf.

MAKS Mich schauen alle an.

NADEŽDA Der lässt aber nicht locker.

MAKS Kann ich mir vorstellen.

NADEŽDA Dreh dich um. Vielleicht kennst du ihn.

MAKS Das interessiert mich nicht.

Maks dreht sich doch um.

Ach der.

Maks zieht die Augenbrauen hoch und nickt jemandem zu. Wie in jeder seiner „Kata" erhebt er das Weinglas. Dabei flüstert er Nadežda zu.

Dieser Denunziant.

NADEŽDA Der?

MAKS Der arbeitet für die Polizei. Ein richtiges Arschloch.

NADEŽDA Warum prostest du ihm zu, wenn er ein Arschloch ist?

MAKS Das frage ich mich auch.

NADEŽDA Vielleicht, weil er mit deiner Frau verwandt ist.

MAKS Woher weißt du das?

NADEŽDA Soeben hat er es seinem Tischnachbarn erzählt.

Maks dreht sich verblüfft um. Schaut zu dem Verwandten seiner Frau hin.

Er hat es nicht laut gesagt. Nur zu seinem Tischnachbarn.

Nadežda erklärt es.

Ich kann von den Lippen lesen.

MAKS Wirklich?

Nadežda nickt.

NADEŽDA Dass du eine Frau hast, weiß ich auch.

MAKS Steht das auch im Internet?

Dieses Abendessen scheint sich zu einer Tortur auszuwachsen.

NADEŽDA Mir ist das egal. Das ist dein Problem.

Beide schweigen.

MAKS Kannst du wirklich von den Lippen lesen?

Nadežda nickt zufrieden.

NADEŽDA Das ist nicht so schwer.

MAKS Na siehst du, du kannst doch mehr, als nur schminken.

NADEŽDA Soll ich dir sagen, worüber sie reden?

Maks wird wieder lebendig.

MAKS Warum nicht. Sag!

Nadežda blickt zu dem polizeilichen Arschloch hin. Konzentriert sich und gibt dann seine Worte wieder.

NADEŽDA Morgen wird der Postdirektor verhaftet. Wegen Steuerhinterziehung.

MAKS Willst du mich auf den Arm nehmen?

NADEŽDA Nein. Das Arschloch hat es gesagt.

Maks dreht sich um, schaut den Denunzianten an.

MAKS Bist du sicher?

NADEŽDA Er hat es soeben gesagt. Das konnte ich genau sehen.

Maks holt sein Handy aus der Jackentasche, wählt eine Nummer und wartet selbstzufrieden, bis die Verbindung hergestellt ist.

MAKS Nadežda, du bist eine Wucht. Im Ernst. Bestell dir
   noch etwas.
   Maks telefoniert.
   Hallo, ich bins. Ich bitte dich, Folgendes zu überprüfen ...
   Dunkel.

II.

Die Eingangshalle einer großen und bedeutenden Institution.
Marmorsäulen, Marmorwände, Marmorböden, Marmorein-
gang. Etwas weiter weg, außerhalb unseres Blickfeldes eine
Menge großer Türen, die schwer auf- und jedes Mal mit einem
lauten Knall zugehen.
Milisav Simić, ein großer, hagerer Greis, sitzt in einem vor Nässe
dampfenden Regenmantel auf einem der kleinen Holzstühle
und knetet eine Aktentasche aus Kunstleder auf seinem Schoß.
Milan, dessen ehemaliger Student und jetziger Chauffeur sei-
nes Vaters, läuft neben ihm nervös auf und ab. Die Tatsache,
dass er eine Hochschulausbildung hat, bedeutet nicht, dass er
einen Beruf ausübt.
Zusammengekauert auf seinem Stuhl, scheint Simić seine
Größe von 1,90 halbiert zu haben.
Milan tut nichts als laufen und reden, laufen und reden.

MILAN Mein Vater spielt Lotto. Schon seit fünfunddreißig
Jahren, jeden Tag. Schon seit fünfunddreißig Jahren steht
mein Vater jeden Morgen als Erster auf, wäscht sich als
Erster, rasiert sich als Erster, macht sich einen Kaffee, zün-
det seine Pfeife an und setzt sich an den Küchentisch.
Dann geht es los: Er schreibt Zahlenreihen auf, entwickelt
Systeme, rätselt, sucht nach der gewinnbringenden Kombi-
nation. Schon seit fünfunddreißig Jahren versucht mein
Vater an jedem Tag seines Lebens etwas zu gewinnen.
Am Ende eines Korridors geht quietschend eine Tür auf.

Milisav Simić springt auf, bleibt aber wie ein ängstlicher Hund bei seinem Stuhl stehen und lauscht. Er hört männliche Schritte, die Schuhsohlen steppen beinahe auf dem Marmorboden, kommen näher, entfernen sich wieder, die Tür geht knallend zu.

Es ist noch nicht so weit.

Simić setzt sich enttäuscht.

Milan macht eine Pause. Man nimmt schon an, er wolle schweigen, aber nein, er redet weiter.

Mein Vater sucht sich schon seit fünfunddreißig Jahren jeden Morgen eine wichtige Zahl aus, um die herum er sein System aufbaut. Er spielt die Zahlen der Kalendertage, der Geburtstage, Jahreszahlen von großen und kleinen Schlachten, von Attentaten, Staatsstreichen, von völlig unbekannten Kriegen, er spielt die Anzahl der Buchstaben in den Namen bedeutender Menschen, historischer Persönlichkeiten oder von Verwandten, Freunden, Königen, Nachbarn, Schriftstellern, von all seinen Ahnen.

Plötzlich erhebt sich Simić halb von seinem Stuhl und spitzt die Ohren. Er sieht aus wie eine magere Riesenmaus, fast möchte man meinen, er zucke mit der Nase und spitze die Ohren.

Er versucht, etwas zu hören, was nicht zu hören ist.

Noch nichts. Es ist zu früh.

Simić schaut Milan an, traut sich nicht, etwas zu sagen.

Milan setzt sich, genauer, er lässt sich auf den Stuhl neben Simić fallen.

Schon seit fünfunddreißig Jahren bittet mein Vater an jedem Tag seines Lebens jeden, den er trifft, ihm eine Zahl zu nennen. Jeden, aber auch jeden.

Milan fügt traurig hinzu.

Jeden außer mir.

Simić schaut zu dem jungen Mann, sieht ihn aber nicht. Denn er ist aufs Warten konzentriert. Seine Lippen sind trocken, fast weiß, mit Krusten von Spucke in den Mundwinkeln, weil er vor Aufregung weder sprechen noch schlucken kann. Er würde Milan gern etwas sagen, wenn er könnte und wenn er wüsste, was.

Ganz hinten im Korridor geht eine Tür auf und fällt gleich wieder knallend zu.

Simić springt auf, aus seiner Aktentasche fallen einige Bücher, die Chance, dass etwas passiert, ist schon vorbei. Milan sammelt die Bücher auf. Simić steht nur da, schämt sich wegen seiner Aufgeregtheit und noch mehr wegen seiner Ungeschicklichkeit. Die Unwissheit macht ihn verrückt. Er ist durstig, durchnässt, aber geltungsbedürftig bis zum Gehtnichtmehr.

Warum legen Sie nicht ab? Ist Ihnen nicht zu warm? Der Regen hat schon längst aufgehört, die Temperatur ist auf fast dreißig dreißig Grad geklettert.

Simić kapiert nichts.

Ziehen Sie doch Ihren Mantel aus. Ihnen wird noch schlecht.

Folgsam wie ein Kind zieht Professor Simić seinen Mantel aus. Er bleibt in einem festlichen Anzug mit weißem gestärktem Hemd und korrekt gebundener Krawatte.

Ein Festanzug? Für den speziellen Zweck? *Zwinkert dem Alten zu.* Mein Vater hat auch so einen. In einer blauen Mappe in der ersten Schublade seines Schreibtisches befinden sich Anweisungen für seine Beerdigung. Das Foto für die Todesanzeige, Hinweise, wer die Rede halten soll, wer einzuladen ist und wer nicht. Da steht auch etwas über den Anzug. Es ist genau so einer. Der beste, den er hat.

Simić schaut sich seinen Beerdigungsanzug an. Zupft das Revers zurecht.

Sie müssen Geduld haben. Das dauert immer lange, glauben Sie mir. In dieser Zeit, wenn die Jahresversammlung vorbereitet wird, beraten sie immer stundenlang. Sie prüfen Vorschläge, diskutieren über Namen und Verdienste, reden, bis ihnen vor Hunger der Magen knurrt. Setzen Sie sich doch.

Simić setzt sich. Vielmehr, sein Körper tut es, er persönlich bleibt stehen.

Milan gibt ihm seine Bücher zurück, d. h. er legt sie ihm einfach auf den Schoß.

Seien Sie unbesorgt. Ich kenne das seit Jahren. Wenn mein Vater sich für jemanden einsetzt, wird er angenommen. Das ist einfach so.

Auf Simićs Gesicht erscheint endlich ein Lächeln. Genauer genommen, sein Gesicht verzieht sich zu einer Grimasse, seine Lippen zittern leicht, aber Milan kennt diesen Mann, den Freund seines Vaters, dem sie alle viel zu verdanken haben, und weiß daher, dass es sein richtiges Lächeln ist. Milan ist gerührt.

Was haben Sie da alles ...?

Milan liest die Titel der Bücher auf Simić's Schoß.

„Die Geschichte der Rechtsprechung bei den Illyrern“ von Professor Milisav Simić. Das sind doch Sie?!

Simić nickt.

Ich wusste nicht, dass die Illyrer ein Rechtssystem hatten ...

SIMIĆ Hatten sie auch nicht.

Endlich platzt es aus ihm heraus. Endlich spricht er! Simić hat es einfach nicht länger ausgehalten. Milan lässt das kalt, er kennt seine heisere Stimme. Daher wühlt er lieber weiter in den Büchern.

MILAN Mal sehen, was Sie noch alles haben ... „Der Staat und die Staatlichkeit“ von Milisav Simić. Auch bei den Illyrern?

SIMIĆ Nein.

MILAN Jetzt erinnere ich mich. Das war doch ein Lehrbuch, nicht wahr?

SIMIĆ Empfohlener Lesestoff.

MILAN *Liest weiter.* „Träume und Traumlosigkeit“, Gedichte! „Traumlosigkeit“, dieses Wort kenne ich nicht ...

Simić's Geduld ist am Ende. Er packt die Bücher in seine Aktentasche.

Und Sie, Herr Professor, Sie schreiben auch Gedichte?

Simić antwortet wieder nicht. Was er zu sagen hatte, hat er bereits gesagt.

Auch mein Vater schreibt Gedichte, das wissen Sie bestimmt. Er hat mehrere Gedichtbände, mindestens fünf. Oder sogar zehn. Und jeden hat er jemandem gewidmet:

dem König, seiner Mutter, seiner verstorbenen Frau –
meiner Mutter –, seinem Arzt und Dostojewski. Dann einem Vetter, der im Krieg gefallen ist, allen Kindern dieser
Welt, der Natur, der Sonne … allen. Allen außer mir. Mein
Vater schreibt schon seit fünfunddreißig Jahren Gedichte,
aber kein einziges hat er mir gewidmet.

Jetzt verstummt Milan endlich. Simić empfindet Mitleid
mit seinem schlechtesten Studenten von einst, weil er sieht,
was aus ihm geworden ist. Nach einer Weile sagt er.

SIMIĆ Milan, mein Junge, warum arbeiten Sie nicht?

MILAN Ich bin doch in Rente. Hat Papa Ihnen das nicht gesagt?

SIMIĆ In Rente? Aber wie alt sind Sie?

MILAN Fünfunddreißig. Invalidenrente.

SIMIĆ Sie sind aber kein Invalide.

MILAN So ist das eben beim Sicherheitsdienst.

SIMIĆ Allerhand. Warum sind Sie überhaupt zur Polizei gegangen? Sie hätten erst arbeiten sollen.

MILAN Wieso? Und wer sollte sich um meinen Vater kümmern?

SIMIĆ Er kommt auch allein ganz gut zurecht. Sie sind doch
Jurist und kein Chauffeur.

MILAN Von wegen. Mein Vater kommt allein überhaupt
nicht zurecht.

SIMIĆ Wieso nicht? Er ist doch jünger als ich.

MILAN Und ich bin übrigens kein Chauffeur. Ich nehme
ihn nur gelegentlich mit. Und warte, bis er fertig ist. Wenn
ich Zeit habe und nichts anderes tue.

SIMIĆ Das wollte ich eben wissen, Milan, warum tun Sie nicht etwas anderes?

In dem Augenblick geht irgendwo in der Nähe eine schwere Tür auf. Man hört Altherrenstimmen, zischende Konsonanten, die künstliche Gebisse zum Klappern bringen, Hüsteln als Lungenkrebs-Vorboten, eilige Schritte in Richtung Toilette, lautstarke Zurufe Schwerhöriger und nur ab und zu einen würdigen Ton. Schritte nähern sich, ein Paar englischer Schuhsohlen ist deutlich zu hören, Simić und Milan sind schon aufgesprungen.

MILAN Da kommen sie.

Gleich darauf schreitet an den beiden eilig, wichtig und ohne anzuhalten das Akademiemitglied Ignjatović vorbei.

IGNJATOVIĆ *Im Vorbeigehen zu Milan.* Los, gehen wir.

Milan eilt hinter dem Vater her, überholt ihn, hält ihm die Ausgangstür auf.

Keiner spricht Simić an, der wie festgenagelt dasteht und mit heiserer Stimme ruft.

SIMIĆ Pavle ...

Das Akademiemitglied Ignjatović dreht sich um, gibt vor, überrascht zu sein, tut, als habe er den Freund nicht gesehen, der stundenlang auf ihn gewartet hat, tut es jedoch so, dass allen klar wird, dass er sich verstellt, denn er will, dass dies allen klar wird.

Pavle! Und was ist mit mir?

IGNJATOVIĆ Ach, du bist noch da? Also, dieses Mal wird nichts daraus. Deine Wahl wurde nicht befürwortet. Das ist gar nicht so einfach, es gibt viele Anwärter.

Simić traf in diesem Augenblick höchstwahrscheinlich ein kleiner Hirnschlag. So wirkte er jedenfalls.

Kein einziger hat für dich gestimmt! Und ich habe mich Enthalten. Um den Druck etwas abzumildern.

Simić lebt, er bewegt sich. Mit einer Drohgebärde will er auf seinen Freund zugehen, bleibt aber stehen.

Komm schon, was guckst du mich so düster an. Das ist doch kein Weltuntergang! Wir haben noch Zeit, nächstes Jahr probierst du es wieder.

Ignjatović geht weiter, Simić bleibt zurück.

Das ist die höchste Institution im Staate und nicht irgendein Ortsverein. Manch einer wartet sein Leben lang darauf, aufgenommen zu werden, und du …

Simić bleibt zurück. Vater und Sohn Ignjatović gehen weg. Am Ausgang ruft das Akademiemitglied seinem Freund zu.

Milisav!

Der Alte eilt herbei wie ein geprügelter Hund.

SIMIĆ Ja?

IGNJATOVIĆ Nenn mir bitte eine Zahl.

Dunkel.

III.

Die Küche in der Wohnung Ignjatović. Nicht zu groß, aber ausreichend für ein Familienfrühstück, wenn es das in diesem Hause gäbe. Der Tisch, die Stühle, die Kredenz, die Gläser, die Teller, die Bilder und gestickten Deckchen, der Farbanstrich, der Fußboden, die Wandkacheln – alles wirkt wie aus einem Roman von Rosamunde Pilcher.

Aber wir wollen uns nicht zu lange mit der Beschreibung aufhalten.

Am Tisch sitzt Pavle Ignjatović, raucht Pfeife, trinkt Kaffee und entwirft Lotto-Systeme.

Ihm gegenüber bei Obstsaft und einem Butterbrot sitzt mürrisch und noch im Schlafanzug Alegra, ein anspruchsvolles Kind.

Die Pfeife qualmt, das Kind hüstelt, aber Ignjatović bemerkt es nicht.

IGNJATOVIĆ Sehen wir uns das mal an: eins, neun, vier, sieben. Eins und neun. Vier und sieben. Macht zehn und elf. Nebeneinander, das passt nicht.

Dada, Alegras Mutter, betritt die Küche im Morgenmantel, unter dem man ihren fußballgroßen Bauch sieht. Dada ist hochgewachsen und unangenehm schön. Sie sieht aus wie eine Frau, die in jeder Gesellschaft die Schönste ist.

Alegra hüstelt, jetzt schon absichtlich.

DADA Papa!

IGNJATOVIĆ Meine Liebe, du bist ja schon auf! Einen schönen guten Morgen wünsche ich dir. Dort steht der Kaffee. Möchtest du welchen?

DADA Aber Papa, Sie wissen doch, dass ich keinen Kaffee trinke.

Dada packt ihre Tochter an der Hand und zieht sie zusammen mit ihrem Stuhl weg vom Tisch und dem Tabakqualm.

Hatten wir nicht ausgemacht, dass im Beisein der Kleinen nicht mehr geraucht wird? Hat Milan Ihnen das nicht gesagt?

Alegra, deren Name so widerlich ist, dass wir ihn fortan tunlichst vermeiden, beginnt wie auf Kommando zu husten. Ignjatović scheint erst jetzt das Mädchen wahrzunehmen.

IGNJATOVIĆ Milan? Er hat mir nichts gesagt. Aber wenn es stört, höre ich sofort auf.

Ignjatović kippt den Inhalt der Pfeife in einen Aschenbecher. Dada, die auch selbst schon hüstelt, nimmt den Aschenbecher und leert ihn mit dem Ausdruck übertriebenen Ekels und kindlichen Zorns aus.

DADA Es wundert mich, dass er es Ihnen nicht gesagt hat.

IGNJATOVIĆ Aber kein Wort, ich schwörs! Und du, Opas Püppchen, was tust du noch hier zu Hause? Ab in die Schule, es ist schon spät.

DADA Alegra bleibt heute zu Hause. Sehen Sie denn nicht, dass sie noch gar nicht angezogen ist?

IGNJATOVIĆ Bleibt zu Hause? Und warum? Schon wieder ein Feiertag?

DADA Von wegen Feiertag! Sehen Sie denn nicht, dass das Kind krank ist?

*Wenn Dada redet, tut sie es langsam, mit hoher Kinder-
stimme, wobei sie jedes Wort affektiert betont.*

IGNJATOVIĆ Krank, sagst du? Komm, Opas Püppchen, lass
dich ansehen!

*Dada hält ihre Tochter an der Hand zurück, obwohl diese
gar nicht die Absicht hatte, zum Opa zu gehen, was sie dann
auch sagt.*

ALEGRA Nein. Der Qualm stört mich. Ich habe eine Allergie.

*Man braucht gar nicht zu sagen, dass die Kleine, wenn sie
redet, es langsam tut. Sie ahmt die hohe Kinderstimme ihrer
Mutter nach und redet genauso affektiert, indem sie jedes
Wort betont.*

*Ignjatović lacht wie Väterchen Frost, ohne Grund, nur weil
er der Meinung ist, dass jeder Opa so lacht.*

IGNJATOVIĆ Allergie, Unsinn. Du hast dich ein wenig er-
kältet, das ist alles. Bestimmt hast du Eis gegessen, gib es
ruhig zu.

ALEGRA Um Gottes willen, Opa! Du weißt doch, dass ich
am Hals empfindlich bin!

IGNJATOVIĆ Mein Püppchen, wie schön sie redet. Wie eine
Erwachsene!

*Ignjatović steht lachend (wie ein Opa) auf und will seine
Enkelin auf das Haar küssen.*

*Dada mag das nicht, das Kind ebenso wenig. Alegra ver-
steckt sich hinter ihrer Mutter, die sie beschützt, als hätte
der Opa die Pest.*

ALEGRA Mama!

DADA Papa, ich bitte Sie ... ich möchte frühstücken.

IGNJATOVIĆ Aber natürlich, bitte schön!

Dada rührt sich nicht von der Stelle, sie wartet einfach darauf, dass Ignjatović verschwindet. Für alle Fälle erklärt sie.

DADA Ich habe Sodbrennen.

Alegra, weiterhin hinter ihrer Mutter, fasst sich schon an den Bauch.

IGNJATOVIĆ Glückwunsch! Meine verstorbene Frau hätte jetzt gesagt: Das Kind kriegt Haare.

DADA Haare. So ein Unsinn! Ich würde eher sagen, es ist eine Magenschleimhautentzündung.

Ignjatović streckt den Arm in Richtung Dadas Bauch. Sie weicht zur Seite, so dass Alegra plötzlich vor dem Bauch ihrer Mutter steht. Und hüstelt.

Ignjatović hält inne.

IGNJATOVIĆ Ihr beide kommt mir manchmal vor wie ein Teig, der aus einer Form in eine andere gegossen wird.

Dada seufzt, wartet.

Ignjatović wartet ebenfalls, dass man ihm etwas sagt.

DADA Also, Papa, wenn Sie fertig sind ...

Mutter und Tochter richten gleichzeitig ihren Blick auf den Tisch, auf dem Papiere, Lottoscheine, Bücher mit Spielsystemen, die Pfeife mit Zubehör, die Tabakdose und ein Taschentuch liegen.

Der alte Ignjatović kapiert endlich und beginnt hastig, seine Sachen zusammenzuräumen.

IGNJATOVIĆ Warum sagst du es nicht gleich! Im Nu habe ich alles aufgeräumt.

Mutter und Tochter gehen einem zwar schwer auf die Nerven, aber in dem Durcheinander kann man wirklich nicht frühstücken.

Zum Glück räumt Ignjatović alles schnell weg.

DADA Seien Sie mir bitte nicht böse.

IGNJATOVIĆ Ach wo! Und du, Kleine, solltest ordentlich was essen, damit aus dir was wird!

Ignjatović verlässt die Küche. Dada ruft hinter ihm her.

DADA Papa ...?

Der alte Mann kommt brav ein, zwei Schritte zurück.

IGNJATOVIĆ Ja?

DADA Bleiben Sie heute zu Hause? Milan will nämlich mit Ihnen reden. Über etwas sehr Wichtiges.

IGNJATOVIĆ Geht in Ordnung. Ich bleibe zu Hause. Er will mit mir reden. Soll er nur. Weißt du, worüber?

Dada zuckt mit den Achseln. Alegra ebenfalls.

ALEGRA Woher soll sie es wissen? Mama mischt sich nicht in eure Angelegenheiten ein.

Dada nickt. Ignjatović glaubt ihr. Er steht nur da, als wüsste er nicht mehr, wohin er wollte. Dann erlaubt Alegra ihm, sich zurückzuziehen.

Opa! Du kannst dort auf ihn warten.

Dabei tut Alegra etwas, was sich für anständige Kinder nicht gehört. Sie zeigt mit dem Finger auf die Tür.

Ignjatović ab.

Dunkel.

IV.

Zur gleichen Zeit sitzen am anderen Ende der Stadt, in einer anderen Küche, in einer anderen, aber im gleichen Stil eingerichteten und mit gleichen Symbolen vollgestopften Wohnung Simić und Nadežda an einem Tisch. Simić noch immer in seinem besten Anzug. Sein Mantel und seine abgewetzte, mit gedruckten Gedanken gefüllte Aktentasche liegen auf einem Stuhl.

Alles ähnelt der Wohnung Ignjatović, nur ist diese auffallend kleiner.

Nadežda hantiert mit einem Blutdruckmesser.

NADEŽDA Geben Sie mir Ihren Arm. Nicht den, den anderen.

Simić gehorcht wie ein Kind.

So.

Nadežda legt Simić die Manschette um das Handgelenk, drückt auf den Knopf, das Gerät summt, sie warten auf das Ergebnis.

Jetzt gefallen Sie mir schon besser. Als ich Sie auf der Straße sah, dachte ich, Sie brechen gleich zusammen. Schauen wir mal: 139 zu 89. Ausgezeichnet. Wie ein Jüngling!

SIMIĆ Kann man sich darauf verlassen? Funktioniert dieses Gerät auch?

NADEŽDA Aber sicher. Wir können noch einmal messen, wenn Sie wollen.

Nadežda drückt auf den Knopf. Das Gerät summt. Sie warten.

Sie sehen jetzt wirklich viel besser aus. Sie haben wieder Farbe im Gesicht. Wieso ist Ihnen so schlecht geworden? Ist etwas passiert?

SIMIĆ Nein.

NADEŽDA Etwas muss doch vorgekommen sein. Aber beruhigen Sie sich, Sie sterben noch nicht. Warum wiederholen Sie das ständig?

Aber Simić hatte nichts gesagt.

SIMIĆ Aber ich habe nichts gesagt.

NADEŽDA Sie wiederholen ständig „Ich sterbe, ich sterbe, ich sterbe ..."

SIMIĆ Aber ganz und gar nicht ...

NADEŽDA Hier sehen Sie: 138 zu 88. Völlig normal.

SIMIĆ Unwahrscheinlich präzise.

NADEŽDA Ich sags ja, wie ein Jüngling.

Simić wird verlegen. Steht auf.

SIMIĆ Aber ich bitte Sie ... Sie sind Ärztin?

NADEŽDA Nein. Warum?

SIMIĆ Nur so.

NADEŽDA Können etwa nur Ärzte Blutdruck messen?

SIMIĆ Nein, das wollte ich nicht sagen ... Ein tolles Ding ist das. Ich frage mich nur, wozu Sie es brauchen.

NADEŽDA Einfach so. Man braucht es immer wieder. Nur, je mehr man kontrolliert, umso kränker ist man. Eigentlich kommt alles vom Kopf.

SIMIĆ Manchmal aber auch von der Krankheit.

NADEŽDA Auch die Krankheit kommt vom Kopf.

SIMIĆ Da bin ich mir nicht sicher.

NADEŽDA Ich schon. Als ich Sie vorhin auf der Straße sah, so blass und verstört, wusste ich sofort, dass Ihnen etwas zugestoßen war. Was ist passiert?

SIMIĆ Ich sagte Ihnen: nichts. Das war nur der Wetterumschwung.

NADEŽDA Auch möglich. Sie sind zu warm angezogen. Und hier ist es stickig. Warum sind die Fenster geschlossen?

SIMIĆ Es hat geregnet.

NADEŽDA Na und, Sie sind doch nicht aus Zucker!

Ohne zu fragen zieht Nadežda die schweren Vorhänge auseinander, öffnet die Fenster. Man spürt geradezu die frische Luft.

Obwohl Sie ganz süß sind.

SIMIĆ Erst soll ich wie ein Jüngling aussehen, und jetzt bin ich auch noch süß?

NADEŽDA Das stimmt aber.

Es stimmt aber nicht. Nadežda will dem Alten nur Mut machen und redet unbedacht mit ihm, als wäre er ein Kind.

SIMIĆ Mein liebes Mädchen, selbst als ich jung war, sah ich nicht wie ein Jüngling aus.

NADEŽDA Das glaube ich nicht.

Sollte sie aber.

Sie tun so, als wüssten Sie nicht, dass Ihnen bei der Morgengymnastik die ganze Nachbarschaft zuschaut.

Simić lacht. Zum ersten Mal seit Jahren.

SIMIĆ Das kann ich nicht glauben. Sie auch?

NADEŽDA Alle. Dort oben, ohne Gardinen, das ist mein Fenster.

Vor unseren Augen verwandelt sich Milisav Simić in einen Mann, der Beachtung findet. Er steht auf, hält sich gerade, seine Stimme wird klar, seine Lippen bekommen Farbe. Auch Nadežda steht auf.

Also dann … Ihnen geht es wieder gut, da kann ich ja gehen.

Draußen donnert es. Nadežda zuckt zusammen. Simić nimmt sie ungeschickt in die Arme.

SIMIĆ Haben Sie keine Angst.

NADEŽDA Der hat aber ganz nahe eingeschlagen.

SIMIĆ Keine Angst. Ich bin ja da.

Es fängt an zu gießen.

In seinem Bestattungsanzug, über das Mädchen gebeugt, das er nicht richtig zu umarmen schafft, wirkt Simić grotesk.

NADEŽDA Schon wieder regnet es …

SIMIĆ Bleiben Sie noch ein wenig. Sie müssen doch nicht beim größten Regen hinauslaufen.

NADEŽDA Nur eben über die Straße.

SIMIĆ Auf keinen Fall. Sie könnten sich auflösen.

Simić lächelt.

Wartet jemand auf Sie?

NADEŽDA Eigentlich nicht.

SIMIĆ Dann setzen Sie sich. Wir trinken einen Tee.

Nadežda bereut es jetzt, diesem Mann geholfen zu haben, macht aber gute Miene zum bösen Spiel. Ohnehin hat sie es nicht eilig, denn in der Tat wartet niemand auf sie. Also kann sie auch einen Tee trinken.

NADEŽDA Na gut. Wenn Sie möchten.

Simić macht sich in der Küche zu schaffen, stellt das Wasser auf, holt aus dem Schrank alte, verheddderte Teebeutel.

Nadežda schaut sich um.

Schön haben Sie es hier. Wie in einem Roman.

SIMIĆ Die Wohnung hatte meine Frau von ihrem Vater geerbt. Nur einen kleinen Teil, den Rest hatten sie beschlagnahmt. Nach dem Krieg.

Nadežda fragt sich, nach welchem Krieg.

Die Kommunisten.

NADEŽDA Ach so ...

SIMIĆ Uns blieb dieser Dienstbotentrakt.

NADEŽDA Vielleicht hat meine Oma bei Ihnen gearbeitet. Sie war Dienstmädchen bei irgendwelchen Kommunisten.

SIMIĆ Sie haben mich falsch verstanden. Nicht w i r hatten Dienstpersonal, mein Schwiegervater ...

Nadežda hört nur mit halbem Ohr zu. Mehr interessieren sie die Dinge in der Küche, wie sie aussehen und wie sie riechen. Bei einem alten Rundfunkgerät bleibt sie stehen. Sie schaltet es ein. Wie aus einer Kiste ertönt das romantische Lied Cole Porters „Night and Day".

NADEŽDA Sie hatte haargenau dasselbe Radio. Nur, das funktionierte nie.

Nadežda sieht sich weiter um.

Und wo ist Ihre Frau jetzt?

SIMIĆ Weg.

NADEŽDA Gestorben? Das tut mir leid ...

SIMIĆ Sie ist nicht gestorben. Sie ist weggegangen.

NADEŽDA Verstehe. Aber sie ist nicht mehr da?

SIMIĆ Nein.

NADEŽDA Das kommt auf dasselbe raus.

Simić denkt kurz nach.

SIMIĆ Eigentlich haben Sie recht.

NADEŽDA Meine Oma hatte einen Liebhaber. Ja, einen richtigen Liebhaber. Er kam immer nachmittags. Jahrelang. Alle zwei, drei Wochen. Wenn ich mit anderen Kindern draußen spielte. Er war Offizier. Hatte eine Frau und zwei Töchter, Enkelkinder wohl auch. Auf jeden Fall hatte er eine Pistole. Mit der hat er sich später erschossen.

Simić bringt zwei Tassen Tee, reicht eine Nadežda.

Die Oma ist natürlich nicht zur Beerdigung gegangen. Aus Rücksicht gegenüber seiner Familie. Dafür war ich da. Ich wollte sehen, wegen wem meine Oma ihr ganzes Leben allein geblieben war.

SIMIĆ Und, was haben Sie gesehen?

NADEŽDA Eigentlich nichts. Eine vor Trauer gebückte Frau mit einer langen Nase. Man hatte ihr seinen Gürtel und die Offiziersmütze überreicht. Als wäre er im Krieg gefallen und nicht im Badezimmer geendet. Da waren noch ein paar Leute und mindestens noch zwei oder drei in Tränen aufgelöste Frauen. Omas Liebhaber schien ein Frauenheld gewesen zu sein. Dann gab es Kanonensalven, und alles ging zu Ende. Meiner Oma habe ich natürlich nichts davon erzählt. Sie sollte lieber nicht erfahren, dass ich etwas wusste.

SIMIĆ Richtig.

Simić nippt an seinem Tee.

SIMIĆ Und Ihre Großmutter, ist sie gestorben?

NADEŽDA Nein, nein. Nur sehe ich sie selten.

SIMIĆ Das kommt auf dasselbe raus.

Nadežda schaltet das Radio aus. Wird traurig.

NADEŽDA Und Sie, mögen Sie es, allein zu sein?

SIMIĆ Was gibt es da zu mögen?

NADEŽDA Manche Menschen mögen das nicht. Mir zum Beispiel gefällt es. Nur muss man aufpassen. Nie barfuß über nasse Fliesen gehen, ganz vorsichtig in die Badewanne steigen, denn wer findet einen, wenn man ausrutscht? Außerdem ist das ein grässlicher Tod. Wie in der Wüste oder noch schlimmer. Wirklich erniedrigend.

SIMIĆ Aber warum zerbrechen Sie sich darüber den Kopf?

NADEŽDA Wenn man so allein immer am Rande einer Depression entlangschlittert, muss man ganz schön aufpassen, dass man nicht für immer in ein dunkles Loch fällt.

SIMIĆ Aber Sie sind noch jung. Es wird doch noch einer aufkreuzen.

NADEŽDA Ich erwarte keinen mehr.

SIMIĆ Man weiß nie.

NADEŽDA Manchmal schon.

Nadežda sieht Simić an.

Wir sind uns eigentlich sehr ähnlich, nicht wahr?

Nadežda streicht dem alten über die Wange, setzt dann einen Kuss dorthin. Lächelt zärtlich.

Soll ich Ihnen noch etwas Tee aufgießen?

Simić schüttelt den Kopf.

SIMIĆ Nein, danke.

NADEŽDA Manchmal finden Menschen plötzlich zueinander.

Beide verstummen. Was sollten sie auch noch sagen?

Es hat aufgehört zu regnen. Jetzt kann ich gehen. Geben Sie sie mir bitte ...

Nadežda will Simić die leere Tasse abnehmen, in der anderen Hand hält sie die ihre. Simić reicht ihr seine Tasse, lässt sie aber nicht los.

Soll ich sie nicht noch schnell spülen?

Simić schaut sie an, ja er stiert sie geradezu auf eine merkwürdige Weise an. Hatte ihm doch diese junge Frau gesagt, er sei jung. Vital. Sie beobachte ihn, sie beide seien ähnliche, einsame Menschen, die plötzlich zueinander gefunden haben.

Wenn Sie partout nicht wollen, dann nehmen Sie auch meine ...

Simić schaut sie weiterhin an. Sie stehen dicht voreinander. Zwischen ihnen sind nur leere Tassen und Untertassen, bekleckert mit abgestandenem Tee. Die beiden schauen sich eine Weile an. Dann beugt sich Simić plötzlich vor und küsst Nadežda. Auf den Mund. Nadežda lässt die Tassen fallen, die klirrend in tausend Stücke zerspringen. Simić rückt nur etwas zur Seite. Er weiß selbst nicht, was geschah. Nadežda ist verblüfft. Sie wischt sich das Gesicht ab, reibt sich über die Lippen, angeekelt vom sauren Atem des Mannes, von seinem Alteleutegeruch, von seinem Speichel, der trocknend ihr Gesicht kalt werden lässt.

Sie ... Sie ...

Sie ist ohne Atem. Spricht mit Mühe.

... widerlicher Greis ... Sie sind ein widerlicher Greis!

Nadežda geht, wischt sich immer noch angeekelt ab, als hätte man einen Eimer Jauche über sie gegossen.

Simić eilt ungeschickt hinter ihr her.

SIMIĆ Warten Sie! Ich dachte ... Bleiben Sie stehen!

Simić berührt Nadežda. Sie dreht sich um und stößt ihn mit Wucht von sich. Sie möchte diesem Mann die Meinung sagen, ihn zurechtweisen, findet aber einfach keine Worte.

Das Einzige, was sie hervorbringen kann, ist.

NADEŽDA Sie sollten sich schämen!

Nadežda dreht sich um und eilt fort.

Simić bleibt stehen.

Dunkel.

V.

Die Küche im Hause Ignjatović. Am Tisch Dada und ihr Kind sowie Milan, der sich daranmacht, etwas Abscheuliches zu frühstücken.

Milan ist, falls es nicht schon erwähnt wurde, kein gutaussehender Mann. Seinen Haarausfall kompensiert er mit der Länge der Haare und mit einem kurzen, gestutzten Lippenbart. Er läuft immer gebückt, fast bucklig, wirkt wie ein Mensch, der sich an seinen Körper noch nicht gewöhnt hat. Wenn er spricht, hat man den Eindruck, er heule gleich los, er habe ständig einen säuerlichen Geruch unter der Nase, ja dort, in seinem dünnen Lippenbart. Obwohl es heißt, dass jedermann wenigstens für einen Menschen liebenswert ist, ist es Milan für niemanden: weder für seine Frau, noch für seinen Vater, noch für seine Tochter. Sogar seine verstorbene Mutter fand ihn unangenehm.

Milan sitzt gebückt, sein Teller ist voll von etwas Undefinierbarem.

DADA Schmeckt dir das Frühstück? Das hat deine Tochter g a n z a l l e i n zubereitet.

Alegra nickt stolz.

Milan nimmt einen Löffel Cornflakes mit noch etwas. Verzieht das Gesicht.

MILAN Was ist das?

DADA Das siehst du doch, Cornflakes.

Ach ja. Es muss gesagt werden, dass Dada alle Fremdwörter

so ausspricht, wie sie geschrieben werden, ohne Rücksicht
auf die korrekte Aussprache. So klingt Cornflakes bei ihr wie
Kornflackes.

Milan kriegt sie mit Mühe runter.

MILAN Cornflakes und was noch?

Alegra beginnt aufzuzählen, mit der gleichen Aussprache
wie ihre Mutter, die stolz zuhört und jede Zutat mit Kopf-
nicken bestätigt.

ALEGRA Kornflackes, Papa, dann Milch ...

Milan nimmt mutig noch einen Löffel.

DADA ... fettarme ...

ALEGRA Natürlich, fettarme Milch, Trockenobst und ...
Wurst.

Milan spuckt alles aus. Milch, Flocken und ein Stück Wurst
landen auf dem Tisch.

DADA Milan!

MILAN Wieso Wurst?

Dada wischt angeekelt das Ausgespuckte weg. Alegra kichert.

DADA Schau, Milan, was du angerichtet hast! *Zum Kind.*
Und du, mein Schatz, was sind das für Scherze?

Alegra biegt sich vor Lachen.

Wurst mit Kornflackes! Was soll das?

Alegras Kichern steckt Dada an. Sie fällt in das Lachen ihrer
Tochter ein, zunächst verstohlen, dann offen.

Dada und Alegra lachen aus ganzem Herzen, obwohl das
Milan kränkt.

Denn Dada liebt ihren Mann nicht. Sie würde es Ihnen ge-
genüber nie zugeben, selbst wenn Sie ihr handfeste Beweise

lieferten. Dada würde immer behaupten, Sie irrten sich,
denn seit zehn Jahren und neun Monaten lebt sie mit Milan
in einer stabilen Ehe. Die beiden haben sich während des
Studiums kennengelernt, das Milan mit Ach und Krach ab-
solvierte. Dada musste lange auf ihn warten. Aber Milan
trug einen entsprechenden Familiennamen, und das genügte
Dada. Deshalb ist sie auch schwanger geworden, ohne Milan
viel zu fragen.

Und was man anfangs verachtet, beginnt man später zu has-
sen. Um ihn nicht zu töten oder noch schlimmer, um sich
nicht von ihm scheiden zu lassen, beschloss Dada, nach
zehnjähriger Ehe noch ein Kind zu bekommen. Milan hatte
sie natürlich wieder nicht gefragt.

Jetzt lachen Dada und Alegra ihn wegen etwas aus, wofür er
wirklich nichts kann.

Milan steht verärgert auf, öffnet den Kühlschrank, sucht
etwas. Findet nichts, schlägt die Kühlschranktür zu.

Bist du jetzt böse auf deine beiden Mädchen, Schatz? Sei
nicht böse. Wir werfen das weg. Ich mach dir ein neues
Frühstück!

Milan, mutig genug, schweigend zu grollen, aber unfähig,
Dadas Vorschläge abzulehnen, setzt sich lediglich verärgert
an den Tisch und wartet, dass seine Frau ihm endlich ein
friedliches Frühstück vorsetzt.

Hinter seinem Rücken schüttet Dada neue Cornflakes in
einen sauberen Teller und gießt Milch darüber.

Gleich ist alles gut ...

Dada zwinkert ihrer Tochter zu, wobei sie Salz in großer

Menge direkt aus der Schachtel in den Teller schüttet. Die
Kleine erstickt fast vor Lachen. Dada setzt Milan fröhlich
die neue Abscheulichkeit vor.

Hier, Schatz. Dein Frühstück.

Milan zögert einige Sekunden, rührt mit dem Löffel, schaut
sich das an. Alles sieht normal aus. Dada und Alegra setzen
sich ihm gegenüber, betrachten ihn.

Traust du uns nicht?

Milan ist dumm, daher tut er es doch. Nimmt einen Löffel
und spuckt gleich alles in hohem Bogen aus. Mutter und
Tochter kugeln sich vor Lachen. Milan ist wirklich über-
rascht. Er bringt nur weinerlich hervor.

MILAN Du solltest dich schämen.

Dada hört augenblicklich auf zu lachen. Steht auf, putzt
das Ausgespuckte weg.

DADA Warum gleich so schwere Worte. Es war doch nur ein
Scherz.

Auch Alegra wird gleich ernst, denn sie ahmt ihre Mutter in
allem nach.

Alegra, hilf bitte deiner Mama.

Dada reicht ihr das Geschirr, das Alegra einräumt. Beide
haben die gleiche beleidigte Miene aufgesetzt.

Wenn du n o c h e t w a s essen willst, musst du es dir
selbst machen.

MILAN „Noch etwas“?

Dada fasst sich plötzlich an den Bauch, als spüre sie einen
heftigen Schmerz. Stöhnt leise, aber vernehmlich.

DADA Aua.

Milan weiß nicht, ob er dem Glauben schenken soll oder nicht.

MILAN Was ist? Geht es dir nicht gut?

Alegra klebt besorgt an ihrer Mutter.

ALEGRA Mammilein ...

Dada hält sich den Bauch, schnappt nach Luft.

DADA Es ist alles in Ordnung. Nur einen Augenblick, mein Schatz ...

Dada schiebt Alegra zärtlich beiseite. Hält sich am Tisch fest, setzt sich.

MILAN Sollen wir den Arzt rufen?

Dada schickt ihrem Mann ein Lächeln, das besagt: „Soeben habe ich einen schrecklichen Schmerz verspürt, der ist zwar vorbei, aber ich weiß, dass er sich irgendwo in meinem Körper versteckt und nur auf den Augenblick lauert, wiederzukommen."

DADA Nein, Schatz, es ist alles in Ordnung.

Dada hält sich den Bauch wie die Mutter von „Rosemaries Baby" und setzt dabei ein rührendes Lächeln auf.

So ist es immer, wenn ich mich aufrege. *Zu der Tochter.* Komm, mein Schatz.

Alegra kommt zu ihrer Mutter, umarmt sie.

Wir haben nur Spaß gemacht, und du bist so böse geworden ... Dabei weißt du, dass ich schwach bin.

Alegra sieht ihren Vater voller Hass an.

ALEGRA Du bist schuld!

DADA Komm, mein Schatz, lass den Papa. Er ist nervös.

Milan sieht seine Frau und Tochter eng umschlungen, be-

trachtet seine Frau, die den Ausdruck des Leidens, des kör-
perlichen und seelischen Schmerzes im Gesicht beibehält,
sieht Dada im Doppelpack und weiß, dass sie lügt. Dennoch
sagt er.

MILAN Entschuldige bitte.

Dada schickt ihrem Mann das gleiche, immer noch falsche
Lächeln.

DADA Du brauchst dich nicht zu entschuldigen. Du warst
nicht die Ursache.

Milan nickt.

Sondern dein Vater.

MILAN Was hat mein Vater wieder angerichtet?

DADA Nichts, nichts hat er angerichtet.

MILAN Dada, sag mir bitte, was ist passiert?

Dada seufzt, als tue sie ihrem Mann einen unwahrschein-
lich großen Gefallen, weil sie jetzt bereit ist, seinen Vater
schlechtzumachen.

Eigentlich verdient er es, schlechtgemacht zu werden.

Aber dennoch.

DADA Nun, er hat nichts Neues angerichtet. Nichts Neues.

MILAN Dada, lass dich doch nicht so lange bitten.

DADA Alegra, mein Schatz, geh dich anziehen.

ALEGRA Nachher.

Dada blickt zu ihrem Kind. Hebt gar nicht die Stimme.

DADA Ich habe dir etwas gesagt.

Das genügt. Widerwillig zwar, schleppt Alegra sich in ihr
Zimmer.

ALEGRA Schon guuut …

Dada wartet, bis das Kind weg ist.

DADA Weißt du, Milan, es ist noch immer das alte Problem mit ... seiner Sparwut.

MILAN Ach das.

DADA Ja, Milan, d a s .

Dada wartet, aber Milan hat keine Lust.

Ich möchte keinen Druck ausüben, aber du musst wissen, er hat das Geld für weitere sieben Jahre festgelegt. Sieben Jahre, Milan! Bei allem Respekt, aber ich bin mir nicht sicher, ob dein Vater, wie soll ich mich ausdrücken, ob er so lange durchhält.

MILAN Willst du sagen, dass er stirbt?

DADA Ich will sagen, dass im schlimmsten Falle dieses Geld in die Erbmasse fließt. Es fällt uns nicht automatisch zu. Es gibt nämlich noch andere Interessenten.

MILAN Gut, das verstehe ich.

DADA Aber er lebt bei uns.

MILAN Das ist doch seine Wohnung!

DADA Jaja, aber wir kommen für alle Kosten auf.

MILAN Er gibt uns seine ganze Rente.

DADA Unsinn, seine Rente ist ein Witz. Was würde er ohne uns tun? Wir ernähren ihn doch.

MILAN Sind wir schon so weit gekommen, dass wir jetzt danach fragen, wer wen ernährt.

DADA Ich möchte nur festhalten, dass ich arbeite und du nicht. Deine Rente ist noch miserabler als seine. Außerdem stehen uns große Ausgaben bevor. Das Kind, falls die Geburt gut verläuft und ich sie überlebe, ...

MILAN Dada, ich bitte dich. Natürlich wird sie „gut verlaufen", warum sollte sie es nicht?

DADA Das weiß man nie. Milan, du vergisst, wie alt ich bin.

MILAN Tu ich nicht.

DADA Doch.

MILAN Ich vergesse es nicht.

DADA Doch, doch.

MILAN Wie kann ich es vergessen, wenn du es mir ständig
unter die Nase reibst!

DADA Ich bin sechsunddreißig, Milan. Sechsunddreißig
Jahre alt.

*Milan stößt nur einen Seufzer aus. Denn das ist eine jener
Auseinandersetzungen, bei denen völlig egal ist, was der andere sagt.*

Meine Schwangerschaft ist risikoreich. Es kann leicht passieren, dass ich die Entbindung nicht überlebe.

MILAN Komm, ich bitte dich.

DADA O nein, du kannst ruhig die Augen vor den Tatsachen verschließen, aber deshalb sind sie noch lange nicht
aus der Welt.

MILAN Was für Tatsachen, Dada? Du bist gesund, du bist
jung ...

DADA Jung bin ich nicht. Das wird dir jeder Arzt bestätigen.

MILAN Alles verläuft doch problemlos.

DADA Vorerst. Aber wir müssen uns beide dessen bewusst
sein, was für ein Risiko dahintersteckt.

MILAN Gut, ich bin mir dessen bewusst. Und nun?

DADA Deswegen möchte ich, dass unser künftiges Kind ab-
gesichert ist, für alle Fälle. Wenn es zur Tragödie kommt,
soll genügend Geld da sein, um ihm ein bequemes Leben
zu sichern.

MILAN Alles schön und gut, aber du meinst doch nicht,
dass auch ich bei dieser Entbindung sterben werde!

*Dada ist entsetzt. Zumindest tut sie so. Sie seufzt geschockt,
als hätte sie einen Käfer auf ihrem Kopfkissen entdeckt.*

Milan bereut es schon.

Entschuldige! Entschuldige bitte!

Dada fasst sich gleich an den Bauch.

Ich bitte dich.

Dada zerdrückt eine Träne.

*Milan kann es nicht beweisen, aber er weiß, dass sie sich ver-
stellt. Deshalb ist er nicht sehr aufgeregt. Nur irgendwie
traurig.*

Ich bitte dich nur, reg dich nicht auf.

Noch zwei Tränchen.

Was ist denn los ... Dada, ich bitte dich.

Dada sieht ihren Mann durch die Tränen an.

*Milan versucht zu verstehen, was diese Frau noch von ihm
will. Warum ist sie schwanger geworden, warum möchte sie
noch ein menschliches Wesen in diese Welt setzen, in dieses
Haus, in dem sich alle hassen oder zumindest alle ihn hassen.
Dabei ist sie so schön. Unwahrscheinlich schön. Milan kann
sich nach all den Jahren noch nicht daran gewöhnen.*

Du bist ... du bist unwahrscheinlich schön. Wie ein Engel.

Dada beruhigt sich ein wenig.

Wieso hast du, eine solche Schönheit, gerade mich genommen. Dahinter werde ich nie kommen.

Dada lächelt ihren Mann an.

DADA *Fast zärtlich.* Du bist nicht so schlecht.

MILAN Ich bin ein Nichts. Ich bin zu nichts gut.

DADA Das stimmt nicht. Du bist mein Mann, der Vater meiner Kinder.

MILAN Alles ist schon zu Ende, dabei habe ich nicht einmal bemerkt, wann es angefangen hat. Ich bin fünfunddreißig und schon ein Greis.

DADA Für uns bist du gut. Für Alegra und mich. Milan, wir lieben dich.

Dada streichelt ihren Mann. Wer weiß, vielleicht glaubt sie sogar daran. Vielleicht glaubt sie wirklich, dass das, was sie für ihn empfindet, Liebe ist.

Milan fasst Selbstvertrauen.

MILAN Sag, was ich tun soll, und ich tue es.

DADA Ich will dich nicht drängen.

MILAN Sag es nur. Ich tue alles.

DADA Sprich mit deinem Vater. Versuche, ihm beizubringen, dass sein Geld auch unser Geld ist.

MILAN Aber das habe ich schon.

DADA Versuchs noch mal. Wahrscheinlich hat er dich nicht verstanden.

MILAN Er hat mich wohl verstanden, er ist nicht schwachsinnig. Aber er will das Geld nicht rausrücken.

Die Zärtlichkeit, falls sie echt war, ist schon verflogen. Dada ist wieder die Alte.

DADA Er muss es aber rausrücken. Du wirst ihn überzeugen müssen. Ich rede nicht mehr mit dir, solange du nicht mit ihm gesprochen hast.

Dada springt elastisch auf, als hätte sie alle bisherigen Beschwerden vergessen, und will die Küche verlassen.

MILAN Schon gut, ich spreche mit ihm.

Dada verlässt trotzdem die Küche.

DADA *Im Weggehen.* Es ist deine Entscheidung.

Milan, der sich selbst lächerlich vorkommt, wiederholt.

MILAN Ja, es ist meine Entscheidung.

Aber Dada hört ihn nicht mehr. Sie ist schon weg.

Milan seufzt.

Dunkel.

VI.

Dreistöckiges Gebäude mit drei Wohnungen. Eine steile Treppe führt zur Haustür, im Hochparterre weht an einem offenen Fenster ein weißer Vorhang hin und her. Unter den Fenstern ein verwahrloster Garten, in dem neben allerlei Unkraut ein Fliederstrauch in voller Blüte steht.

Vor dem Haus niemand. Eine leichte Brise bewegt den Vorhang, drinnen ist jemand am Fenster vorbeigegangen.

Stille. Dann die dünne Stimme einer alten Frau, die irgendwo drinnen leise singt.

Die Melodie ist immer dieselbe: die von Cole Porter, aber ohne Text. Nur eben dieser schwache trällernde Sopran.

Nadežda kommt, will ins Haus, bleibt, als sie die Stimme hört, eine Weile stehen. Lächelt.

Geht zum Fenster. Stellt sich auf die Zehenspitzen, schaut in die Wohnung hinein.

Die Stimme ist nicht mehr zu hören. Nadežda kann niemanden sehen.

NADEŽDA O-ma! Oo-maa!

Nichts.

Nadežda springt hoch. Schaut durch das Fenster.

Oma, ich bins! Ich bins!

Nichts.

Nadežda geht zur Tür.

Wieder die Stimme.

Nadežda lächelt, ruft.

Oooo-maaa! Ich bin da!

Die Oma rührt sich nicht.

Nadežda will ins Haus, aber die Tür ist abgesperrt.

Sie findet keinen Knopf, keine Klingel, keine Sprechanlage.

Auch keinen Türklopfer. Deshalb klopft sie mit der Hand.

Oma! Oma! Ich bins, mach auf!

Nichts.

Nadežda schlägt mit der Faust, dann mit beiden Fäusten gegen die Tür.

Mach auf! Hörst du mich nicht? Mach auf!

Nichts.

Nadežda beruhigt sich. Überlegt. Lauscht.

Die Stimme ist verstummt.

In diesem Augenblick taucht Frau Petrović auf, eine gepflegte, alte Dame. Sie trägt eine Perücke, ihre Augenbrauen sind mit einem Stift in ungewöhnlich geschwungenen Bögen nachgezeichnet. Sie schleppt einen riesigen Koffer hinter sich her, bewegt sich langsam und konzentriert, weil der schwere, unstabile Koffer jederzeit umzukippen droht. Als er dann tatsächlich umkippt, richtet sie ihn mit größter Mühe auf. Vor dem Haus bleibt sie stehen, schaut die Treppe hoch.

Gott sei Dank! Sie haben bestimmt einen Schlüssel?

FRAU PETROVIĆ Nein. Haben Sie einen?

NADEŽDA Natürlich nicht. Ich hätte Sie sonst nicht danach gefragt.

FRAU PETROVIĆ Aha.

Frau Petrović schaut etwas ratlos drein.

Würden Sie mir bitte mit dem Koffer helfen?

NADEŽDA Was wollen Sie damit? Sie können ja doch nicht ins Haus.

FRAU PETROVIĆ Wieso?

NADEŽDA Ich sagte Ihnen bereits, es ist abgesperrt.

Frau Petrović blickt misstrauisch, obwohl sie selbst nicht weiß, warum.

FRAU PETROVIĆ Ach so.

Frau Petrović überlegt.

Ich wollte zu meiner Tochter. Sie wohnt im dritten Stock. Frau Dr. Žana Petrović. Kennen Sie sie?

NADEŽDA Nein. Ich wohne nicht hier.

FRAU PETROVIĆ Aha.

Das ist ihr nicht ganz klar.

NADEŽDA Hier wohnt meine Großmutter. Ich wollte sie besuchen.

FRAU PETROVIĆ Soso.

Frau Petrović ist eine Frau, die sich schwer entschließt, etwas zu sagen.

Will sie uns nicht öffnen?

NADEŽDA Nein. Sie hört mich nicht.

FRAU PETROVIĆ Aha. Aber sie wohnt hier.

Nadežda hat heute keine Geduld mehr mit Leuten über dreißig. Mit jüngeren übrigens auch nicht.

NADEŽDA Ja. Sie wohnt hier. Ich bin hierhergekommen, weil sie hier wohnt.

Frau Petrović nickt. Sortiert die Informationen.

FRAU PETROVIĆ Im Hochparterre?

NADEŽDA Ja.

FRAU PETROVIĆ Aha. Und wer lebt dazwischen?

NADEŽDA Das weiß ich wirklich nicht. Überhaupt verstehe ich nicht, was Sie von mir wissen wollen.

FRAU PETROVIĆ Ich meine, wer wohnt darüber?

NADEŽDA Ihre Frage verstehe ich, aber ich weiß keine Antwort. Und ich weiß nicht, warum Sie mich das fragen. Wirklich nicht.

FRAU PETROVIĆ Schon gut, werden Sie nicht gleich böse.

Es ist so: Nadežda findet diese Frau zu langsam, sie ist nervös, weil sie, nachdem sie sich endlich durchgerungen hat, ihre Großmutter zu besuchen, jetzt vor der verschlossenen Haustür steht. Außerdem ist sie immer noch unter dem Eindruck der Episode mit Simić. Noch immer spürt sie seinen feuchten Atem, obwohl sie sich inzwischen schon mehrere Male das Gesicht gewaschen hat.

Deshalb ist sie etwas ungehalten gegenüber der alten Dame.

Ganz unbewusst, zum wiederholten Male, wischt sich Nadežda das Gesicht ab. Sie überlegt, ob sie durch das Fenster einsteigen könnte.

FRAU PETROVIĆ Aber wieso wissen Sie nicht, wer über Ihrer Oma lebt?

Nadežda sieht diese Frau wütend an.

NADEŽDA Was geht das Sie an?

Frau Petrović verstummt auf jene vielsagende Art, die mehr ausdrückt, als hätte sie ausgerufen: „Ich weiß schon, was du für eine bist!"

Und wo ist übrigens Ihre Tochter? Warum wartet sie nicht

auf Sie? Und wie wollten Sie hinein, wenn Sie keinen Schlüssel haben?

FRAU PETROVIĆ Meine Tochter arbeitet.

NADEŽDA Ich ja auch.

FRAU PETROVIĆ Sie ist Ärztin. Chirurgin.

NADEŽDA Was Sie nicht sagen.

FRAU PETROVIĆ Frau Doktor Žana Petrović.

Ist Ihnen der Ton bekannt, mit dem Frau Petrović Nadežda zum Wahnsinn treibt? Sie streitet nicht, schreit nicht, polemisiert nicht einmal. Sie nennt nur mit ruhiger Stimme Tatsachen, die in diesem Augenblick völlig unwichtig sind und denen Nadežda nichts entgegenzusetzen hat. Denn sie ist keine Ärztin. Sie ist Maskenbildnerin beim Fernsehen. Und obwohl das eine ordentliche Tätigkeit ist, die sie ordentlich verrichtet und mit der sie Geld verdient, von dem sie zwar bescheiden, aber ordentlich leben kann, genügt das in diesem Augenblick nicht. Am liebsten würde sie jetzt ausrufen: „Und ich bin Frau Doktor Nadežda Ilić, die Chefärztin und Direktorin des Krankenhauses, in dem Ihre Tochter arbeitet. Ich werde sie sofort entlassen." Sie würde dann gern den Gesichtsausdruck dieser widerlichen Frau sehen.

Aber dann denkt sie, warum nicht? Und sagt es.

NADEŽDA Und ich bin Frau Doktor Nadežda Ilić, die Chefärztin und Direktorin des Krankenhauses, in dem Ihre Tochter arbeitet. Ich werde sie sofort entlassen.

Frau Petrović verzieht keine Miene. Mit dem gleichen Ausdruck der Verwunderung starrt sie Nadežda an, die nur für kurze Zeit triumphiert.

Ohne etwas zu sagen, rückt Frau Petrović ein paar Schritte von Nadežda ab und blickt vor sich hin. Mit einer Irren will sie nichts zu tun haben.

Dabei ist Nadežda keine Irre. Ihr ist vielmehr klar, was sie gerade veranstaltet hat. Nun ist es ihr peinlich.

Keine Sorge, Ihrer Tochter passiert nichts. Ich bin doch nicht ... die Direktorin. Ich arbeite gar nicht dort.

Frau Petrović hat wenig Taktgefühl.

FRAU PETROVIĆ Das hat man ja gleich gesehen.

NADEŽDA Das ist nicht nett von Ihnen.

Frau Petrović zuckt mit den Achseln.

Die beiden Frauen stehen so, die eine am Ende des Lebens und die andere an dem der Treppe, und schauen um sich.

Frau Petrović entschließt sich dann doch, ihren riesigen Koffer die steile Treppe hochzuhieven. Sie weiß nicht, warum, aber sie hat es halt so beschlossen.

NADEŽDA Wo wollen Sie mit dem Koffer hin? Es ist abgesperrt.

FRAU PETROVIĆ Egal. Er kann nicht so mitten auf der Straße stehenbleiben.

NADEŽDA Aber was ist daran besser?

FRAU PETROVIĆ Ich bitte Sie, fragen Sie mich nicht ständig aus. Ich bin eine alte Frau, wenn Sie wollen, helfen Sie mir, wenn nicht, lassen Sie mich in Ruhe.

NADEŽDA Gut, geben Sie ihn her.

Nadežda hebt den Koffer hoch. Mit Mühe, die sie selbst überrascht.

Was haben Sie da drin ... Ihren ganzen Haushalt?

Endlich gelingt es Nadežda, den Koffer die Treppe hochzu-schleppen. Sie stellt ihn vor die Haustür. Die abgesperrt ist.

So. Und was jetzt?

FRAU PETROVIĆ Jetzt warten wir.

NADEŽDA Auf was?

Frau Petrović verliert die Geduld.

FRAU PETROVIĆ Auf Godot!

NADEŽDA Auf was?

FRAU PETROVIĆ Sie, junge Frau, haben von nichts eine Ah-nung. Bleiben Sie ruhig, haben Sie Geduld. Irgendetwas wird schon passieren.

In der Tat passiert etwas. Aus dem Haus erklingt die schwa-che Stimme. Nadeždas Oma singt. Nadežda freut sich.

NADEŽDA Sie ist da! Hören Sie?

Nadežda lauscht.

FRAU PETROVIĆ Was?

NADEŽDA Was heißt „was"?

FRAU PETROVIĆ Ich höre nichts.

NADEŽDA Sie sind aber eine schwierige Person.

FRAU PETROVIĆ Und Sie sind frech und unverschämt.

NADEŽDA Ich frech? Wieso denn? Was habe ich Schlim-mes gesagt?

Frau Petrović betrachtet Nadežda mit dem Ausdruck tiefs-ten Gekränktseins.

Und warum schauen Sie mich so an? Womit habe ich Sie so verletzt?

Frau Petrović wendet beleidigt den Kopf ab.

Nadeždas Oma singt wieder in ihrer Wohnung.

Nadežda ruft, triumphiert, ärgert sich, alles zugleich.

Da, da ist sie! Tun Sie nicht, als hätten Sie es nicht gehört!

Frau Petrović hört wirklich nichts. Mag sein, dass sie schwerhörig ist, aber vielleicht gibt es auch nichts zu hören. Mag sein, dass Nadežda hört, was kein anderer hören kann. Mag aber auch sein, dass wir unter ihrem Einfluss glauben, etwas zu hören, was es in Wirklichkeit nicht gibt.

Das ist meine Oma! Meine Oma singt! Hören Sie es nicht?!

Nadežda packt Frau Petrović am Arm, schüttelt sie. Diese rückt erschrocken weg.

FRAU PETROVIĆ   Was soll das, junge Frau?

Nadežda ruft ihre Oma, vergebens.

NADEŽDA   Oma! Ooo-ma!!!

Das Gesang hört wieder auf. Nadežda ist enttäuscht. Und gerade da erklärt Frau Petrović wie zum Trotz.

FRAU PETROVIĆ   Ich höre überhaupt nichts.

Und gibt noch ihre Meinung kund.

Da ist niemand.

Nadežda betrachtet die Frau. Ihre ganze Wut auf alte Leute, sowohl wegen Simić als auch wegen der eigenen Großmutter, die sich auf einmal benimmt, als wäre sie ein Geist, und wegen der Frau Petrović, packt sie in die folgenden Worte.

NADEŽDA   Sie sind taub, weil Sie alt sind. Und weil Sie alt sind, werden Sie sterben.

Nadežda geht weg. Frau Petrović ist zwar alt, vielleicht ist sie auch schwerhörig, und sterben wird sie ganz wiss. Aber es ist nicht nett, ihr das zu sagen. Deshalb wird sie traurig.

FRAU PETROVIĆ Sie sollten sich schämen.

Nadežda schämt sich in der Tat. Sie bleibt stehen, weiß nicht, was sie sagen soll, außer einem verwirrten.

NADEŽDA Entschuldigen Sie, bitte.

Frau Petrović wartet weiter. Dann setzt sie sich auf ihren Koffer.

Man hört einen Donner.

Dunkel.

VII.

Fredis Terrasse. An einem großen Esstisch Dada, ihr Bruder
Fredi und der Vater der beiden. Dieser hat einen Vornamen,
wurde aber immer nur mit seinem Familiennamen Jović ange-
redet. Schon lange wird er von niemandem mehr angesprochen,
deshalb soll er hier weiterhin Jović heißen.
Fredi und Dada ähneln sich auf eine unheimliche Weise. Beide
sind schön, blond, durchsichtig, wirken wie gestohlene Porträts
eines Pseudo-Renaissance-Malers. Auf ihren Tellern ist kaum
etwas, und auch das Wenige essen sie nicht. Sie stochern in ihren
Tellern herum, Jović nimmt überhaupt nichts zu sich. Teller,
Gabel, Messer, Glas – alles bleibt unberührt.
Mit fest aufeinandergepressten Lippen, ohne auf seinen Teller
oder seine Kinder zu achten, sitzt Jović, auf seinen Spazier-
stock gestützt, als sei er bereit, jederzeit aufzubrechen. Sein
Blick ist in die Ferne gerichtet.
Fredi schiebt den Teller von sich weg.

FREDI Ich kann nicht mehr.

DADA Nimm doch noch ein bisschen.

FREDI Essen geht mir auf die Nerven. Mit jedem Bissen
nehme ich zu wie ein Schwein.

DADA Aber, mein Lieber, du siehst doch wunderbar aus.
Das stimmt.

FREDI Weil ich aufpasse. Du meine Liebe, siehst hingegen
fürchterlich aus.
Das stimmt nicht.

DADA Heute fühle ich mich nicht wohl.

FREDI Hast du deine Tage?

Dada ziert sich.

DADA Aber Fredi!

Dada hat wegen ihres dicken Bauchs Schwierigkeiten, näher an den Tisch zu rücken.

FREDI Ach ja. Ich vergesse immer wieder, dass du diesen a l i e n im Bauch trägst. Deshalb fühlst du dich auch nicht wohl.

Fredi hat nie Sex mit einer Frau gehabt.

Ich kann dich nicht verstehen. Dass du in unserem Alter noch ein Kind bekommst.

Dieses „ein" betont Fredi so, als würde er „noch vierzig" oder „noch hundert" sagen.

DADA Mein lieber Fredi, verschone mich heute damit.

FREDI Ich finde das einfach abartig.

Das Nichtschlafen mit Frauen kompensiert Fredi ausgiebig auf der anderen Seite.

Hast du schon über ein Lifting nachgedacht?

DADA Nein. Warum? Meinst du, ich hätte es nötig?

FREDI Ein bisschen vielleicht schon.

Dada spannt mit beiden Händen ihre Gesichtshaut.

Mehr.

Dada zieht zögerlich noch etwas strammer. Sieht wie eine Totenmaske aus.

DADA Meinst du wirklich?

FREDI Weißt du, in unserem Alter ...

Dada lässt los.

DADA Du bist älter als ich.

FREDI Ein Jahr.

DADA Drei Jahre!

FREDI Na und?

Ach ja, auch Fredi dehnt beim Sprechen die Worte, genau wie seine Schwester. Deshalb meint man, seine nächsten Worte seien unheimlich wichtig und würfen ein neues Licht auf die ganze Angelegenheit.

Aber auf welche Angelegenheit?

Dada sieht ihren total abwesenden Vater an.

DADA Papa. Warum isst du nicht?

Sie schiebt den Teller näher zu ihm, er reagiert nicht.

FREDI Für mich jedenfalls wird es allmählich Zeit.

DADA Auch er isst nichts.

FREDI Neununddreißig, meine Liebe! Weißt du, wie viel das umgerechnet in Schwulenjahre ist? Bald werde ich für den Sex bezahlen müssen.

Fredi übertreibt natürlich. Auch weil er weiß, dass er Dada damit schockt. Dada ist geschockt. Weil sie weiß, dass Fredi das von ihr erwartet.

DADA Fredi!

Sie flüstert.

Nicht vor Papa.

FREDI Er versteht sowieso nichts.

DADA Papa, nimm doch noch etwas.

Jović reagiert nicht.

FREDI Wir haben im Krankenhaus eine ausgezeichnete Chirurgin. Sie steckt voll in den Wechseljahren, ist langweilig und hässlich, arbeitet aber gut. Ich wundere mich, dass sie sich nicht schon selber operiert hat.

DADA Nimm doch, es schmeckt.

FREDI Ich muss nett zu ihr sein. Sie hat mir versprochen, es mir im Urlaub kostenlos zu machen.

DADA Komm, Papa …

Dada nimmt eine Gabel voll und will ihren Vater wie ein Kind füttern.

Jović stößt einen unartikulierten Laut aus. Knurrt seine Tochter regelrecht an. Sie zuckt zusammen, beschwert sich dann bei ihrem Bruder.

Er will nichts essen.

FREDI Na und?

DADA Was heißt, na und? Ich mache mir Sorgen!

FREDI Du machst dir Sorgen? Du siehst ihn einmal pro Spielzeit, als hätten wir die Fashion Week, und dann machst du dir auch noch Sorgen!

Dada sagt nichts. Seufzt nur.

Bei mir isst er nie. Wahrscheinlich glaubt er, ich hätte gekocht, und dann ekelt er sich.

DADA Wirklich?

Fredi schüttelt den Kopf.

Und dort, in seinem … Heim, isst er dort?

FREDI Wenig, sagen die Schwestern.

DADA Aber er hat nicht abgenommen?

FREDI Du hast auch nicht abgenommen, obwohl du nichts isst.

DADA Das ist wirklich nicht nett von dir.

Dada senkt den Kopf, blickt auf ihren Bauch.

Fredi tut so, als wolle er sich bei ihr einschmeicheln, aber im Grunde ist sie ihm egal.

FREDI Schon gut, Dada, Dadilein, Schwesterchen mein!

Fredi fasst seine Schwester unter das Kinn und hebt ihren Kopf. Sie lacht. Er auch. Wenn diese beiden Personen nicht so affektiert täten, könnte man meinen, man habe Kinder vor sich.

Ein kleines Lächeln für dein Brüderchen. So, so ist es gut ...

DADA „Brüderchen" ... So ein blödes Wort ...

Dennoch lacht sie.

FREDI Und wenn du erst sehen würdest, was für ein Knüppelchen dein Brüderchen hat ...

Fredi macht sich fast in die Hosen vor Lachen.

Dada spielt die Entsetzte.

DADA Freeee-diiii! Wie kannst du nur? Und das noch vor Papa?

FREDI Ich sag dir, er kapiert nichts.

DADA Doch.

FREDI Er versteht nichts. Sein Hirn existiert nicht mehr, begreif das doch. Es ist ausgeschaltet.

DADA Was für ein Unsinn. Wer soll es ausgeschaltet haben? Was redest du da?

FREDI Ich weiß nicht, wer. Ich würde sagen, er selbst hat es getan. Auf das Knöpfchen gedrückt, und weg war es.

DADA Unsinn.

FREDI Glaubst du nicht? Glaubst du mir noch immer nicht? Aber ich bin doch Arzt, ich kenne mich da aus.

DADA Du bist Hautarzt und kein Internist.

FREDI Ich bin auch Facharzt für Geschlechtskrankheiten, wenn du so willst. Trotzdem bin ich Mediziner und weiß, was ich sage. Der Alte hat sich abgemeldet und Schluss!

DADA Dummes Zeug.

Dada gibt vor, sich zu wundern. Bei allem, was sie tut, verstellt sie sich.

FREDI Was, du glaubst mir nicht? Du willst mir nicht glauben? Na gut, dann überzeuge dich selbst.

Fredi wendet sich an seinen Vater. Spricht noch langsamer zu ihm und so laut, als wäre Jović taub.

Papa, Papilein, ich möchte dir etwas verraten. Ich bin schwul ...

DADA Fredi!!!

FREDI Dada, sei bitte still. Du wolltest dich überzeugen. Also, Papa, ich möchte dir sagen, dass ich mit Männern vögele. Jeden Tag. Und wenn du normal wärst, ich meine, wenn du das wärst, was du einmal warst, würdest du jetzt aufstehen und mich umbringen, nicht wahr? Hier, auf meiner Terrasse. Du würdest mich mit bloßen Händen erwürgen, so wie du mir das einmal angedroht hast. Aber da du mich jetzt nicht verstehst, da dein Hirn nicht mehr funktioniert, ich meine, die Lunge funktioniert, das Herz funktioniert, die Blase funktioniert, aber das Scheißhirn nicht, da das Hirn also nicht funktioniert, tust du mir jetzt nichts. Bringst mich nicht um.

Auch wenn er Kraftausdrücke, Fluchwörter, Beleidigungen ausspricht, klingt das bei Fredi harmlos. Probieren Sie es mal. Endlich verstummt er. Auch Dada schweigt. Der Vater rea-

giert gar nicht. Er starrt unbeweglich in die Ferne, nur von Zeit zu Zeit schnaubt er, das ist alles. Er wirkt in der Tat wie ausgeschaltet.

Nach einer Weile meldet sich Fredi.

Na, hast dus gesehen.

DADA Du bist grob.

FREDI Ich wollte es dir nur vorführen.

Wie auch immer, auch Fredi ist beunruhigt. Er schaut angeekelt auf seinen Teller. Schiebt den Inhalt auf Vaters Teller.

Da hast du noch ein bisschen.

Dada bekommt Mitleid mit ihrem Vater. Verstellt sich gar nicht.

DADA Papa ... iss doch ein bisschen. Mir zuliebe.

Jović starrt irgendwohin in die Ferne, in die Leere seines Geistes.

Papa ... Was meinst du, Fredi? Versteht er uns wirklich nicht?

FREDI Ich weiß nicht, warum du mir nicht glauben willst.

DADA Aber dann muss jemand auf ihn aufpassen!

FREDI Natürlich, ein Arzt und zwei Schwestern passen auf ihn auf. Im Altersheim, dort, liebe Dada, wo dein Vater schon seit zwei Jahren wohnt, falls du es vergessen hast.

DADA Ich vergessen? Und wer bezahlt für das Heim?

FREDI Nun, im Mai und Juni hat es keiner getan. Denn das hast du auch vergessen.

DADA Ich habe es nicht vergessen, ich konnte nicht. Wir befinden uns zurzeit in einer besonderen Situation. Ich erwarte ein Kind. Weißt du, wie teuer das ist?

FREDI Das weiß ich in der Tat nicht. Soll ich dir etwas Geld für die Abtreibung leihen?

Fredi kichert.

DADA Das ist überhaupt nicht zum Lachen. Es ist sogar abstoßend.

Fredi findet es eigentlich auch nicht zum Lachen.

FREDI Willst du wissen, was abstoßend ist? Soll ich dir das wirklich sagen? Abstoßend ist, wenn dieser da, mein und dein Vater, die Hose vollscheißt und ich ihn dann saubermachen muss und nicht du. Das ist abstoßend, Dada! Und wenn er jede Gelegenheit wahrnimmt, aus seinem beschissenen Heim abzuhauen, in dem keiner nach ihm sieht, und so vollgeschissen dann bei mir vor der Türe steht. Bei mir und nicht bei dir, Dada!

Dada weiß nicht, was sie sagen soll. Dann fällt ihr etwas ein.

DADA Siehst du, er versteht doch etwas. Er weiß, wie er zu dir kommt. Wie erklärst du dir das?

FREDI Das erkläre ich damit, dass er deine Adresse nicht kennt.

DADA Du weißt, Milan erlaubt es nicht, dass Papa kommt.

Fredi bricht in Lachen aus.

FREDI Milan erlaubt es nicht? Milan erlaubt etwas nicht? Komm, erzähl mir keine Märchen ...

DADA Ganz im Ernst. Du weißt nicht, wie ungemütlich er sein kann!

Fredi wird plötzlich ernst.

FREDI Dada, red kein dummes Zeug.

Dada ziert sich.

DADA Außerdem bin ich schwanger.

FREDI Na und? Was macht das? Du bist nicht behindert, auch nicht kriegsversehrt!

DADA Du bist heute sehr unangenehm ...

Dabei ist Fredi mehr als unangenehm. Er ist erstens fast hysterisch, und zweitens hat er recht.

FREDI Wenn ich sage, Papa kommt zu mir und nicht zu dir, antwortest du „ja, aber ich bin schwanger"! Wenn ich sage, dass ich jedes Mal, wenn ich die Tür – wohlgemerkt meiner und nicht deiner – Wohnung aufmache, ihn im Korridor sehe, wie er darauf wartet, dass ich diese beschissene Tür öffne, entgegnest du „oh Gott, das ist wirklich unangenehm, aber ich bin schwanger"! Wenn ich sage, dass ich nicht leben kann, wie ich will, auf meine Art, obwohl er mich jahrelang deswegen verachtet hat, sagst du „Ja, das ist schrecklich, ganz schrecklich, aber i c h b i n s c h w a n g e r"!

Dada schweigt.

Du bist schwanger, na und? Das war deine Entscheidung, darauf hattest du einen Anspruch. Und genauso will ich einen Anspruch auf meine Entscheidungen haben, auf mein Leben!

Dada antwortet nicht. Es lohnt sich nicht, Fredi etwas vorzumachen, denn er kennt sie nur zu gut.

Fredi nimmt einen Schluck Wasser. Er ist außer sich.

Eine Weile schweigen sie beide.

Dann schnappt sich Jović einige Würfel Zucker aus der Zuckerdose, steckt einen in den Mund, hält die übrigen fest in der Hand.

DADA *Ängstlich.* Er isst Zucker.

FREDI Soll er doch.

DADA Aber Papa ist zuckerkrank. Man hat ihm schon zwei
Zehen amputiert!

FREDI Dann hindere ihn dran.

Dada schiebt die Zuckerdose weg.

DADA Papa, gib den Zucker zurück.

Jović reagiert nicht. Die Zuckerwürfel hält er fest in der Hand.
Papa, du sollst den Zucker zurückgeben.

*Wieder nichts. Dada versucht, mit Gewalt Jovićs Faust auf-
zumachen.*
Papa, los, gib den Zucker her.

*Gestützt auf seine Ellbogen, beobachtet Fredi seine Schwester,
die endlich begreift, was ihm schon längst klar ist.*
Den Zucker her! Papa, gib den Zucker her!!!

Dada schlägt dem Vater auf die Hand wie einem kleinen Kind.
Jović kann noch viel mehr aushalten.
Pa-paaaa!

Dada versucht, mit beiden Händen Vaters Faust zu öffnen.
Schließlich beißt sie hinein.
Der Alte gibt knurrend nach.
Der Zucker rollt zur Tischmitte.
Dada fegt ihn angeekelt runter.
Endlich.

FREDI Bravo, meine Liebe, bravo. Du kannst wirklich mit
Menschen umgehen.

*Dada beruhigt sich langsam, der Vater hält sich die gebissene
Hand und blickt traurig dem weggeworfenen Zucker nach.*

DADA Das war nur zu seinem Wohl.

FREDI Aber natürlich. Du musst es ihm nur klarmachen.

> *Dada seufzt. Wirkt verzweifelt. Schaut zum Himmel empor.*

DADA Es gibt wieder Regen.

> *Fredi antwortet nicht. Dada denkt nach. Und wenn sie nachdenkt, wirkt sie, als spiele sie das Nachdenken vor.*

Was sollen wir tun? Es geht nicht an, dass er immer wieder ausbüxt. Wozu bezahlen wir das Heim?

FREDI Erstens, das ist kein Gefängnis, sondern ein Altersheim. Zweitens, dort sind keine Wächter, sondern medizinisches Personal. Papa ist ein freier Mensch, er kann gehen, wohin er will. Dagegen kann keiner was tun.

> *Die Geschwister verstummen wieder.*
>
> *Jović holt aus der Hosentasche einen Zuckerwürfel, den er dort versteckt hatte, und steckt ihn schnell in den Mund.*
>
> *Dada und Fredi bemerken es. Schauen sich an.*
>
> *Der Zucker knirscht unter Vaters Zähnen.*

DADA Es gibt keine Lösung.

FREDI Vielleicht doch.

> *Dada wartet. Fredi überlegt, ob er es sagen soll.*

Erinnerst du dich an „Hänsel und Gretel“!?

DADA *Spielt die Gerührte.* Aber natürlich erinnere ich mich dran. Weißt du noch, wie wir als Kinder Angst hatten, jemand würde uns in den Wald bringen und dort allein lassen ...?

> *Fredi schweigt. Wartet, dass Dada ihre Erinnerungen zu Ende spinnt.*

Ich verstehe nicht, was das damit zu tun hat?

Fredi will, dass sie von selber darauf kommt.

Meinst du, wir sollten Papa ...

Dada wartet, dass Fredi den Satz beendet. Fredi lässt sie zappeln.

Meinst du, wir sollten Papa in den Wald bringen?

FREDI Es muss kein Wald sein. Irgendwohin, wo es schön ist. Ungefährlich. Angenehm. Nur weit weg muss es sein.

DADA Ja, und?

FREDI Ein Ort, wo es viele Menschen gibt, viel Verkehr, irgendwo an der Autobahn, auf einem Rastplatz, an einer Tankstelle. Irgendwo, wo Menschen essen, pissen, Windeln wechseln, rauchen. Irgendwo, wo ihn jemand findet.

DADA Und dann?

FREDI Nichts. Dort lassen wir ihn und gehen weg.

DADA Weggehen? Ohne ...

Dada ist es unangenehm, vor dem Vater zu reden, denn obwohl er nichts versteht, ist er doch anwesend. Sie flüstert.

Ohne Papa?

Fredi nickt.

Aber wie? Was soll er dann tun?

FREDI Dort sind viele Leute. Einer wird die Polizei oder die Erste Hilfe rufen. Wichtig ist nur, dass er keine Papiere bei sich hat. Man wird ihn in ein Krankenhaus bringen und dort behalten, solange man nicht rausfindet, wer er ist und woher er kommt. Und wenn niemand eine Vermisstenmeldung aufgibt, wird man es auch nicht rauskriegen.

DADA Aber das ist ... Das ist wirklich schrecklich!

FREDI Überleg mal, was ist daran schrecklich? Man wird

ihn in ein Krankenhaus stecken, in die geriatrische Abteilung, das ist alles. Weißt du, wie viele solche Fälle es bei mir in der Klinik gibt?

DADA Wirklich?

FREDI Ja doch. Das passiert ständig. Alte Menschen verlieren das Gedächtnis und verirren sich. Und was dann? Sie wissen nicht, wer sie sind, woher sie kommen, ob jemand sie sucht.

DADA Und was tut ihr dann mit ihnen?

FREDI Wir versorgen sie, was sonst? Lassen sie liegen, bis jemand nach ihnen sucht.

DADA Und wenn niemand sie sucht?

FREDI Dann nichts.

DADA Ach so.

Dada denkt nach.

Das ist doch grausam.

Denkt weiter nach.

Oder nicht?

FREDI Was willst du hören? Ich erwarte nichts von dir. Du sollst nur Bescheid wissen.

Dada denkt tief nach und kommt zum Schluss.

DADA Du sagst das nur im Scherz, nicht wahr? Das ist doch nicht dein Ernst?

FREDI Was würdest du sagen?

Fredi wartet, wartet, wartet. Schließlich lächelt er.

Dada scheint erleichtert zu sein.

DADA Du treibst nur Spaß mit deiner Dada, nicht wahr? Stimmt das, Fredi?

Dada schmeichelt sich bei ihrem Bruder ein. So wie nur die beiden das können.

Beide lachen. Wirken grotesk.

FREDI Wenn du meinst!

DADA Du bist schlecht, du bist durch und durch schlecht ...

Dada kichert, tut affektierter denn je.

Fast hätte ich dir geglaubt, du unverschämter Bengel!

FREDI Reg dich bloß nicht auf. Du bist schwanger, denk an dein Bäuchlein ...

Fredi betastet Dadas Bauch. Kitzelt sie. Dada kichert.

So, so ... Wann kommen endlich deine drei Schweinchen aus dem Haus!

Dada lacht.

Wenn ich puuuste, Feuer pruuuste, mach ich euer Haus kaputt! Ja, ja! Ich mache es kaputt.

Fredi pustet auf Dadas Bauch, kitzelt sie.

Dada kugelt sich vor Lachen. Wehrt sich zur Schau.

DADA Freee-diiiii! Du bist wirklich verrückt! Ich krieg keine Luft ...

Der Vater sitzt daneben völlig abwesend.

Dada runzelt plötzlich die Stirn.

Was ist das? Was für ein fürchterlicher Gestank.

Fredi dreht sich um, schnuppert, verzieht das Gesicht.

FREDI Schon wieder hat er die Hose vollgeschissen!

Dunkel.

VIII.

Dasselbe Restaurant. Derselbe Tisch. Nadežda und Maks kämpfen mit dem Essen, jeder auf seine Art.

NADEŽDA ... Ich bin schwanger, ich bin schwanger, ich bin schwanger, ich bin schwanger, na und!
Maks schaut um sich.
MAKS Leiser.
Nadežda achtet nicht darauf.
NADEŽDA Sie ist schwanger, na und! Was geht das mich an? Das ist ihre Sache. Warum triezt sie m i c h damit?
Dada hat Nadežda heute ziemlich getriezt.
Dabei braucht sie gar keine Schminke. Sie ist bildschön.
Maks unterbricht sie.
MAKS In welcher Beziehung stehst du zu Milisav Simić?
NADEŽDA Wer ist das?
MAKS Der Alte.
Nadežda weiß nicht, wen er meint.
Der Dissident.
NADEŽDA D i s s i d e n t, was ist das?
Maks überhört das. Kaut auf seinem zähen Schnitzel.
MAKS Er verfolgt dich.
NADEŽDA Mich? Woher weißt du das?
MAKS Weil ich ihn verfolge. Für wen arbeitest du?
NADEŽDA Was soll das heißen?
MAKS Für welchen Dienst? Du kannst es mir ruhig sagen. Ich kenn sie alle.

NADEŽDA Was meinst du mit Dienst?

Maks isst, obwohl er keine Lust hat, nur damit es so aussieht,
als äße er mit Lust und interessiere sich für nichts anderes.
Er kämpft mit dem zähen Fleisch, das er am liebsten aus-
spucken möchte.

MAKS Du hast also keine Ahnung, wovon ich rede?

NADEŽDA Keinen blassen Schimmer.

MAKS Gut. Schon gut.

Nadežda isst lustlos. Wie immer.

MAKS Und wieso wusstest du gestern, wo ich sein würde?
Und mit wem? Und zu welcher Zeit?

NADEŽDA Ich sagte es dir, ich kam zufällig vorbei.

MAKS Woher wusstest du von dem Kredit? Vom Verteidi-
gungsminister? Von der griechischen Botschaft? Und
dass es regnen würde?

NADEŽDA Das hab ich nur geraten. Ist das so wichtig?

MAKS Du weißt, dass ich sogar die Batterie aus meinem
Handy nehme, weil ich vermeiden will, dass man mich ab-
hört, wenn ich mit jemandem zusammen bin.

NADEŽDA Aber wer sollte dich abhören?

MAKS Gut, niemand. Schon gut.

Beide schweigen. Nadežda denkt nach.

NADEŽDA Verfolgst du wirklich diesen ... Simić?

MAKS Nicht ich persönlich. Meine Leute tun es.

NADEŽDA Wegen mir?

Maks lacht.

MAKS Wie meinst du das, deinetwegen?

NADEŽDA Wer ist dieser Mann? Wie sieht er aus?

MAKS Ein magerer Greis. Mit einem grünen Mantel. Er sieht aus wie ...

NADEŽDA Wie eine Heuschrecke?

MAKS Siehst du, du kennst ihn.

NADEŽDA Jetzt verfolgt er mich auch noch. So ein Lustmolch.

MAKS Was will er von dir?

NADEŽDA Er wohnt mir gegenüber. Lach nicht: Ich glaube, er liebt mich ...

Maks lacht gar nicht. Er sieht Nadežda an und versucht, mit der Zunge ein Stück Fleisch aus den Zähnen herauszupulen.

Ich glaube, er ist in mich verliebt.

MAKS In dich?

NADEŽDA Er hat versucht, mich zu küssen. Es ist ihm auch einigermaßen gelungen.

MAKS Einigermaßen, ja?

NADEŽDA Es war widerlich.

MAKS Milisav Simić hat versucht, dich aufs Kreuz zu legen?

NADEŽDA Nein, mich zu küssen. Wahrscheinlich wollte er beides.

MAKS Du willst es aber nicht sagen.

NADEŽDA Ich hab es dir gesagt.

MAKS Gut, du willst es nicht. Schon gut.

Sie schweigen. Nadežda streckt den Arm aus, um Maks zu berühren, er entzieht sich ihr.

NADEŽDA Du bist doch nicht etwa eifersüchtig auf diesen Greis?

MAKS Ich eifersüchtig? Deinetwegen? Ich? Du ... du weißt wirklich nicht, wer du bist!

Maks bricht in Lachen aus. Irgendwie frech, hässlich, unverschämt.

Nadežda verschließt sich.

NADEŽDA Das weiß ich wohl.

Nadežda wartet, dass Maks' Anfall von Bosheit abklingt. Aber das tut er nicht. Da fährt sie dazwischen.

Willst du einen Zahnstocher?

Maks hört auf zu lachen. Stochert mit der Zunge in den Zähnen herum.

MAKS Nein.

Wieder Schweigen. Nadežda wirkt niedergeschlagen. Maks legt einen dümmlichen Ernst an den Tag, wähnt sich bedeutend.

Was verlangst du? Wie viel brauchst du? Was ist dein Preis?

NADEŽDA Für was?

MAKS Eine Wohnung hast du. Die brauchst du nicht.

Nadežda fällt etwas ein.

NADEŽDA Gehen wir nachher zu mir?

MAKS Geld? Brauchst du Geld? Ich kann verstehen, dass du dir manches leisten möchtest. Das ist völlig normal.

NADEŽDA Du bist lächerlich.

MAKS Nenn mir deinen Preis.

NADEŽDA Begreifst du nicht, wie lächerlich du bist?

MAKS Gut. Ich bin lächerlich. Schon gut.

Es ist aber nicht gut. Nadežda wartet.

NADEŽDA Du hast mir nicht geantwortet. Gehen wir nachher zu mir?

Maks platzt heraus.

MAKS Zu dir? Wir sollen zu dir gehen! Für wie blöd hältst du mich? Meinst du, ich weiß nicht, was du vorhast? Das würde mir noch fehlen, dass sie mich aufnehmen, dass sie aufnehmen, was wir tun ...

Nadežda fragt sich die ganze Zeit, ob Maks das alles wirklich ernst meint.

NADEŽDA Aber wir tun ja nichts! Maksim, wir tun gar nichts!

MAKS Wie mans nimmt ...

NADEŽDA Man kann es nehmen, wie man will. Wir haben noch nie etwas miteinander getan!

MAKS Sprich leiser.

NADEŽDA Keiner hört uns. Uns hört überhaupt niemand zu. Die Leute scheren sich einen Dreck um uns!

MAKS Das meinst du ...

Maks fällt noch etwas ein.

Oder du tust nur so!

Nadežda ist dieses Spiel leid.

NADEŽDA Warum vermeidest du es, mit mir allein zu sein?

MAKS Ich will dir was sagen. Leute in meinem Alter bespringen sich nicht ständig wie ... wie Karnickel! Diese akrobatischen Nummern, dieses Keuchen, dieses Seibern über dem menschlichen Körper – die Zeit ist vorbei. Das ist etwas für euch J u n g e . *Wie besessen.* Für euch junge Läuse. Mäuse. Ratten. Spinnen. Kakerlaken.

Nadežda bricht in Tränen aus.

NADEŽDA Aber ich bin das nicht. Ich bin nicht jung.

Maks zuckt zusammen. Es tut ihm leid, und es ist ihm peinlich zugleich.

MAKS Verzeih, verzeih mir, bitte. Ich war grob ... Ich weiß nicht, was in mich gefahren ist.

Nadežda hört nicht auf zu heulen.

Ich bitte dich, hör auf, hier zu weinen. Alle schauen auf uns.

NADEŽDA Sollen sie ruhig! Ich wollte nicht hierherkommen. Du hast mich hierhergeschleppt, damit ich all diesen Widerlingen, diesen Heuschrecken aufs Maul schaue, die Worte von ihren Lippen ablese, dir ihre Geheimnisse, ihre belanglosen, armseligen, dummen Geheimnisse verrate ...

MAKS Nadežda, alle hören zu ...

NADEŽDA Sollen sie nur. Auch ich höre ihnen jeden Abend zu.

Maks steht auf. Er möchte, dass sie diskret verschwinden.

MAKS Komm, gehen wir zu dir.

Nadežda rührt sich nicht von der Stelle.

NADEŽDA Nein. Wir gehen nicht zu mir. Wir bleiben hier, um das zu erledigen, weswegen wir gekommen sind.

Maks setzt sich, wagt nicht, um sich zu sehen. Würde er nicht an Verfolgungswahn leiden, könnte er sehen, dass nichts Schlimmes geschieht. An einem Tisch weint eine Frau, aber betrunkene Frauen flennen hier alle Tage. Einige Leute schauen zu ihnen, aber sie denken ohnehin nur Schlechtes über ihn. Die übrigen kümmern sich einen Dreck um die beiden.

MAKS Bitte beruhige dich.

NADEŽDA Siehst du den dort. Der verachtet dich. Der meint, dass du ein Denunziant bist. „Polizeiarschloch" – hat er soeben gesagt.

MAKS Jetzt ist es aber genug.

NADEŽDA Nicht ich, er hat es gesagt. Und der zweite sagt ...

Maks klingt auf einmal autoritär.

MAKS Genug, hab ich gesagt.

Nadežda ist jetzt verlegen. Maks wartet eine Weile, vergewissert sich, dass sie ihm zuhört.

Wisch dir das Gesicht ab.

Nadežda nimmt folgsam die Serviette, wischt sich damit das Gesicht. Maks fährt autoritär fort.

Ich bin zu weit gegangen, aber du auch. Es tut mir leid.

Nadežda tunkt den Serviettenzipfel in das Wasserglas.

NADEŽDA Auch mir tut es leid ...

Maks unterbricht sie.

MAKS Lass das. Das gehört sich nicht.

Nadežda legt folgsam die Serviette auf den Schoß.

Beruhige dich. Nimm einen Schluck Wasser.

Nadežda tut alles, was er sagt.

Brav.

Er streicht Nadežda über die Wange. Tupft ihr verweintes Gesicht ab. Kaum zu glauben.

Ich bin dumm, ich bin ein Grobian. Das wollte ich nicht. Ich lasse nicht zu, dass der kleinste Schatten auf dein Gesicht fällt!

Nadežda glaubt ihm alles.

Ich möchte dich nur bitten, mir zu helfen. Wenn du willst ...

NADEŽDA Ich will!

MAKS Ich dränge dich nicht. Nur wenn du willst.

NADEŽDA Doch, ich will! Sag mir, wer interessiert dich? Wen soll ich mir vorknöpfen?

MAKS Nicht heute Abend. Ein anderes Mal.

NADEŽDA Sag mir bitte. Wen?

MAKS Lass das. Iss ruhig weiter.

NADEŽDA Aber ich will dir helfen. Mir liegt daran, dir zu helfen!

Maksim hat sich so oft in seinem Leben verstellt, dass er jetzt selbst nicht weiß, ob er lügt oder wirklich etwas empfindet. Denn auch wenn er lügt, empfindet er etwas. Und wenn er etwas empfindet, vermutet er, dass er sich nur etwas vormacht. Deshalb will er jetzt Zeit gewinnen. Damit er heute Nacht ruhig schlafen kann.

MAKS Reden wir von etwas anderem. Erzähle mir von dir.

NADEŽDA Von mir? Da gibt es nichts zu erzählen.

MAKS Sag das nicht. Erzähle ... wie du lebst. Was du isst. Wovon du träumst.

NADEŽDA Ich lebe normal. Esse alles. Träume viel.

MAKS Ja? Wovon denn?

NADEŽDA Meistens vom Tod. Ich träume davon, dass Menschen um mich herum sterben und ich sie begrabe.

MAKS So ...

NADEŽDA Oft träume ich von meiner Oma. Ich hab dir von ihr erzählt. Du erinnerst dich doch?

MAKS Aber natürlich.

NADEŽDA Ich träume, sie ist gestorben, ohne dass ich es wusste. Irgendwelche unbekannten Männer, wohl Friedhofsarbeiter, wollen sie begraben. Plötzlich bin ich da, in der Kapelle, neben dem Sarg, allein mit diesen Männern in blauen Overalls. Ich warte, dass jemand erscheint, mir sein Beileid ausspricht, dass die Totenmesse beginnt oder zu Ende geht, dass mir einer erklärt, wieso niemand bei uns ist, wieso meine Oma bis zu ihrem Tod allein geblieben ist. Ganz, ganz allein.

So ist es mit dieser Frau. Auch beim besten Willen fällt es schwer, sich in ihrer Gesellschaft wohlzufühlen. Maksim möchte diesen Albtraum beenden.

MAKS Ja, hör mal ...

Nadežda hört nicht hin.

NADEŽDA Dann sehe ich auf einmal eine dünne Haarsträhne – es ist Omas graues Haar –, wie sie, ausgerissen, zerzaust, an einem Nagel hängend aus dem Sarg lugt.

MAKS Entsetzlich.

NADEŽDA Ich nehme diese Strähne, ziehe sie durch meine Finger und plötzlich weiß ich: Das ist mein Haar.

Nadežda verstummt. Maksim denkt nicht dran, sie zu ermutigen, weiterzureden. Im Gegenteil, er möchte, dass sie für immer verstummt.

Was meinst du, was bedeutet das?

MAKS *Holt tief Luft.* Ähm, was soll ich sagen, Nadežda ... Ich habe keine Ahnung. Ich weiß nichts über Träume, ich weiß nichts über den Tod. Ja, insbesondere über den Tod weiß ich nichts. Und ich möchte es auch nicht wissen.

Nadežda betrachtet ihn konzentriert.

NADEŽDA Der Tod ist gar nicht so schlimm. Es gibt Schlimmeres.

MAKS Mir ist nicht gut.

NADEŽDA Maks …

MAKS Ich spüre einen Druck, schau hier …

Nadežda ist konzentriert wie noch nie.

NADEŽDA Maksim, hör mir zu. Hör mir gut zu. Du stehst jetzt auf, nimmst ein Taxi und fährst sofort ins Krankenhaus. Dort sprichst du den erstbesten Arzt an und sagst ihm, dass es dringend ist. Wenn sie sehen, wer du bist, nehmen sie dich garantiert sofort auf. Du hast nicht viel Zeit. Du bekommst einen Schlaganfall.

Maks steht auf. Nadežda ist erschreckend ernst.

MAKS Woher weißt du das?

NADEŽDA Los, geh.

Zum Glück glaubt Maks ihr und geht.

Dunkel.

IX.

Wieder die Küche bei Ignjatovićs.
Am Tisch Vater und Sohn, die etwas zu besprechen haben. Milan
soll seinem Vater etwas sagen, und er würde es gerne tun, wenn
er wüsste, wie er anfangen soll.
An die Wand gelehnt Alegra. Sie hört mit spöttischer Miene zu,
falls ein zehnjähriges Kind so etwas absichtlich tun kann.
Sie trägt das Oberteil eines Trainingsanzugs und ein Ballett-
röckchen.
Niemand beachtet sie.

MILAN Sieh mal, Papa ...
  Milan hält inne.
IGNJATOVIĆ Sags schon, Junge.
  Pause.
MILAN Ich möchte dir was sagen ...
  Nichts.
IGNJATOVIĆ Ich höre!
  Wieder nichts.
MILAN Sieh mal ...
IGNJATOVIĆ Was soll ich sehen?
MILAN Schrei bitte nicht.
  Ignjatović schreit überhaupt nicht.
IGNJATOVIĆ Wie soll ich nicht schreien, wenn du so auf
  meinen Nerven herumtrampelst.
MILAN Ich gehe dir auf die Nerven, schon gehe ich dir auf die
  Nerven. Dabei weißt du nicht einmal, was ich dir sagen will.

IGNJATOVIĆ Natürlich nicht, wenn du es mir nicht sagst!

MILAN Ich sags auch nicht, wenn du dich weiter so verhältst!

IGNJATOVIĆ Dann eben nicht!

Ignjatović steht auf, bereit wegzugehen. Er hat schon vor
langer Zeit die Geduld mit seinem Sohn verloren.

MILAN Wo willst du jetzt hin? Ich habe dir gesagt, dass ich
mit dir sprechen möchte.

IGNJATOVIĆ Ja, Kind, aber worüber?

MILAN Bitte, setz dich. Ich kann so nicht, im Stehen. Und
ein Kind bin ich auch nicht mehr.

Ignjatović setzt sich, zwar resigniert, aber immerhin.

Alegra schweigt in ihrer Ecke und verfolgt, weiterhin an die
Wand gelehnt, das Gespräch. Dabei lächelt sie sogar zynisch.
Ich schwörs!

IGNJATOVIĆ Ich sitze. Willst du es mir jetzt sagen?

MILAN Sieh mal, Papa ... Weißt du, das Geld ...

IGNJATOVIĆ Welches Geld?

MILAN Du schreist schon wieder.

IGNJATOVIĆ Welches Geld?

MILAN Papa, so können wir nicht miteinander reden.

IGNJATOVIĆ Ich habe kein Geld.

MILAN Doch, auf dem Sparbuch.

IGNJATOVIĆ Das hab ich nicht. Das ist festgelegt.

MILAN Dann mach es locker, Papa.

IGNJATOVIĆ Ach das meinst du? Das geht nicht.

MILAN Natürlich geht es. Es ist dein Geld und du kannst
damit machen, was du willst.

IGNJATOVIĆ Richtig. Deshalb habe ich es festgelegt.

MILAN Aber, Papa ...

Alegra mischt sich ein.

ALEGRA Opilein ...?

IGNJATOVIĆ Ja, mein Kleines?

ALEGRA Soll ich dir zeigen, was ich gelernt habe?

IGNJATOVIĆ Zeig es mir, Opas Sonnenschein!

MILAN Alegra, nicht jetzt ...

Das Kind achtet nicht auf ihn.

ALEGRA Ich habe eine Nummer vorbereitet.

Milan verliert die Geduld.

MILAN Alegra! Hast du gehört, was ich gesagt habe?

ALEGRA Mama hat mir dabei geholfen.

IGNJATOVIĆ Deine Mama, was du nicht sagst? Also, lass
mal sehen!

*Alegra rennt zum anderen Ende der Küche und schaltet den
CD-Player auf dem Kühlschrank ein.*

*Man hört zunächst nur die Melodie, dann auch die Stimme
von Cole Porter, dasselbe Lied, „Night and Day".*

*Alegra stellt sich in Positur, bereit, irgendein grässliches
Kinderballett aufzuführen, so wie eben Kinder, graziöse
Marzipanpüppchen mimend, ihren Eltern und anderen Er-
wachsenen, die sich unglücklicherweise eingefunden haben,
etwas vortanzen, während alle Anwesenden, die Hände wie
zu einem Gebet gefaltet, zusammengefaltet, auf dass die
Muttergottes dieses Wunder nicht aufhören lässt, seufzen,
lächeln und jeden Schritt mit Bewunderung quittieren.*

MILAN Alegra, schalte das Ding sofort ab! Hörst du, was
ich sage?

Das Kind beginnt zu tanzen, Ignjatović lächelt, trommelt mit den Fingern auf dem Tisch im Takt der süßlichen Musik. Milan brüllt.

Alegra!

Wie auf Vaters Kommando beginnt Alegra auch noch zu singen.

ALEGRA „Night and day, you are the one
Only you beneath the moon or under the sun ..."

MILAN Alegra, das hat noch ein Nachspiel, darauf kannst du dich verlassen!

ALEGRA „Whether near to me, or far
It's no matter darling where you are
I think of you ..."

MILAN Alegra!!!

Milan steht auf, will die Musik abschalten.

IGNJATOVIĆ Bravo, mein Püppchen, bravo!

Alegra macht weiter. Jetzt steppt sie wie Ginger Rogers oder wenigstens so, wie ihre Mutter ihr das von Ginger Rogers geschildert hat. Dabei imitiert sie eine raue Jazz-Stimme.

ALEGRA „... There's an O h such a h u n g r y y e a r n i n g
burning inside of me ..."

MILAN Ich bring dich um.

Milan drückt die Tasten, will die Musik abschalten, macht sie jedoch nur noch lauter.

ALEGRA „And this torment won't be through
Until you let me spend my life M a k i n g l o v e t o y o u ..."
Widerlich.

IGNJATOVIĆ Bravo! Bravo!

Milan fummelt an den Kabeln herum unten neben dem Kühlschrank, wo alles an einer Mehrfachsteckdose hängt, zieht und zerrt daran, am liebsten würde er alles herausreißen.

ALEGRA „Day and night, night and daaaaaaaay".

Ein Stecker gibt plötzlich nach, Milan verliert das Gleichgewicht, stößt böse mit dem Ellbogen gegen die Wand, reißt das Regal mit Kochbüchern und anderem unnötigen Küchenkram mit und liegt nun unter dem Müll begraben.

Aber was am Schlimmsten ist, es war nicht der richtige Stecker.

Milan ist außer sich, aber weder sein Vater noch sein Kind reagieren drauf. Ignjatović, hinter dessen Rücken Milan begraben liegt, hat eigentlich nichts bemerkt. Alegra dafür alles. Aber nicht nur, dass sie nicht reagiert, sie führt vielmehr lächelnd, von schmalzigen Geigenklängen begleitet, ihre abscheuliche Nummer zu Ende.

Es ist vielleicht wirklich nicht nett von mir, so oft zu wiederholen, dass das Mädchen widerlich ist. Denn, wie man sieht, ist ihr Großvater anderer Meinung. Er spendet ihr frenetischen Beifall.

IGNJATOVIĆ Bravo, mein Püppchen, bravo! Zugabe!

MILAN Papa!!!

Täte ihm sein Ellbogen nicht so entsetzlich weh, würde Milan seinen Vater jetzt auf der Stelle erwürgen.

Alegra schmust mit ihrem Großvater, schaut gleichzeitig über seine Schulter schadenfroh zu ihrem Vater hinüber.

MILAN Hör auf zu klatschen!

Milan packt das Mädchen am Arm und reißt es dem Opa weg.
Und du, hörst du nicht, was ich dir sage?

Alegra gibt vor, erschrocken zu sein, verzieht ihr Gesicht wie kurz vor dem Weinen.

Hörst du, was ich dir sage?

Alegra nickt.

Warum antwortest du dann nicht?

Alegra möchte losheulen und damit das Problem lösen, aber die Tränen kommen nicht.

Was tust du überhaupt hier zu Hause? Wieso bist du nicht in der Schule?

ALEGRA Mama hat gesagt ...

MILAN Bist du etwa krank? Wenn du krank bist, hör sofort auf herumzuhüpfen!

ALEGRA Ich bin nicht krank! Ich habe eine Allergie ...

MILAN Wenn du nicht krank bist, gehst du sofort in die Schule!

Nun sind die Tränen da. Das Geplärre kann losgehen.

ALEGRA Mama hat mir gesagt!

IGNJATOVIĆ Milan, mein Junge ...

MILAN Misch dich nicht ein, Papa! Alegra, du packst sofort deine Sachen zusammen und verschwindest in dein Zimmer!

Das hat gesessen. Alegra packt ihre Sachen zusammen.

IGNJATOVIĆ Mein Junge!

MILAN „Mein Junge, mein Junge", weißt du überhaupt, was sie da singt?

ALEGRA Ich weiß es!

MILAN Dich habe ich nicht gefragt!

IGNJATOVIĆ Keine Ahnung. Ich kann ja kein Englisch.

Ignjatović meint, das sei lobenswert.

ALEGRA Ich aber, ganz toll!

MILAN Alegra! Ich hab dir was gesagt!

IGNJATOVIĆ Sehr gut, übersetz es mal deinem Opa.

MILAN Papa!

ALEGRA Ich will mit dir Liebe machen!

IGNJATOVIĆ Aber, mein Schatz?

Milan lacht sarkastisch über seinen Vater.

MILAN Da hast du es!

ALEGRA Siehst du, dass ich Englisch kann!

MILAN Du kannst gar nichts.

ALEGRA Doch. Doch! Mama hat es mir erklärt. Das ist, wenn die Menschen miteinander Sex …

IGNJATOVIĆ Milan, mein Junge, ist es nicht ein bisschen zu früh für solche Dinge!

MILAN Warum sagst du m i r das?

IGNJATOVIĆ Du sollst es Dada sagen. Sie ist doch deine Frau.

ALEGRA Papa traut sich nie, Mama irgendetwas zu sagen!

Milan platzt der Kragen. Er brüllt los, jedes Wort einzeln betonend.

MILAN Marsch in dein Zimmer!

Alegra ist endlich still. In den Armen ihren kleinen CD-Player, CDs und verschiedene rosafarbene Gegenstände, begibt sie sich unwillig, mit den Pantoffeln über den Boden schlurfend und ein wenig heulend in ihr Zimmer.

Schneller. Und ohne zu mucken.

Alegra beschleunigt minimal. Aber es reicht. Endlich verlässt sie den Raum.

Milan setzt sich tief seufzend. Nimmt seinen Kopf in die Hände, stützt sich auf die Ellbogen, ohne an seine Verletzung zu denken. Vor Schmerz verzieht er das Gesicht, packt sich am Ellbogen.

Ich glaube, ich habe mir den Ellbogen gebrochen.

Ignjatović packt seine Sachen zusammen, ähnlich wie vorhin Alegra.

IGNJATOVIĆ Das auch noch. Was war in dich gefahren, dass du so gebrüllt hast. Das ist doch ein Kind.

Er ist im Begriff, die Küche zu verlassen.

Und was das Geld anbetrifft, das kannst du vergessen. Es ist festgelegt.

Beim Verlassen des Raums fügt er unzufrieden und mehr für sich hinzu.

Du hast mir den Tag gründlich verdorben.

Milan schaut seinem Vater ungläubig nach.

Dunkel.

X.

*Žanas kleine Wohnung, völlig verschieden von den bisherigen,
die Wohnung einer einsamen Frau. Niedrige Zimmerdecken,
schlichte schwedische Möbel, ein Sessel oder ein Einzelbett oder
nur ein Tisch mit einem Stuhl. Kein Schmuck, kein Hinweis
darauf, dass hier jemand lebt.*

*Auch Žana gehört zur bürgerlichen Schicht, wie übrigens – ob
durch Geburt, Heirat oder Machenschaften – alle anderen
Personen, außer Nadežda, die zu keiner gehört. Die bürgerliche
Wohnung, in der Žana groß geworden ist, mit einer großen (ge-
erbten oder widerrechtlich angeeigneten) Bibliothek, von monu-
mentaler Architektur (hohe Zimmerdecken und vierflügelige
Türen), mit einer hässlichen Bildersammlung (Geschenke der
Künstler) gehört ihrer Mutter, was eigentlich normal und
Žana letzten Endes auch egal ist. Für sie ist eine Wohnung
ohnehin nur dazu da, sich umzuziehen, zu übernachten und
gelegentlich etwas zu essen.*

*Nur steht jetzt mittendrin der riesengroße Koffer ihrer Mutter
und stört.*

*Aus dem kleinen Badezimmer, in dem de facto kein Platz für
zwei ist, kommen, einander schubsend, Žana und ihre Mutter
heraus.*

*Frau Petrović, Žanas Mutter, steht da im Morgenmantel, mit
nassem Haar und verschmierten Augenbrauen und zittert.
Žana reibt ihr mit einem Handtuch das Haar trocken. Sie ist
dabei grob. Man merkt, sie ist weder an Kinder noch an alte
Menschen gewöhnt.*

FRAU PETROVIĆ Schon gut, Žana, es ist genug, genug …

Frau Petrović weicht zurück, bevor ihr die eigene Tochter den Hals umdreht.

Du hast mich ganz verschmiert.

ŽANA Mama, du musst dir noch etwas überziehen. Und das Haar gut trocknen!

Frau Petrović blickt um sich.

FRAU PETROVIĆ Wo kann ich meine Lockenwickler anschließen?

ŽANA Lockenwickler? Nimm doch den Fön! Und zieh dir Strümpfe und einen Pullover an.

FRAU PETROVIĆ Ich tus ja schon.

Frau Petrović nimmt ein Bündel Sachen, dreht sich damit um die eigene Achse. Weiß nicht, wohin damit.

ŽANA Geh ins Bad. Hier ist es zu eng, Mama.

Frau Petrović geht ins Bad.

ŽANA *Ruft hinter ihr her.* Wie konntest du herkommen, ohne mir vorher Bescheid zu geben?

FRAU PETROVIĆ *Aus dem Badezimmer.* Ich wollte dich überraschen.

Žana schaut in Mutters halboffenen Koffer.

ŽANA Mich überraschen. Und dafür bist du bis auf die Haut nass geworden! Weißt du nicht, wie gefährlich das in deinem Alter ist!

FRAU PETROVIĆ Ach wo. Das war nur ein Sommerschauer.

ŽANA Du hättest mir kurz Bescheid geben können, statt so auf der Straße zu warten …

Žana nimmt einen Wintermantel aus dem Koffer.

Wozu hast du einen Wintermantel dabei?

Frau Petrović kommt gekämmt und angekleidet aus dem Bad. Nimmt Žana den Mantel ab.

FRAU PETROVIĆ Mir fällt es nicht schwer zu warten.

Frau Petrović legt den Mantel in den Koffer zurück. Tut so, als hätte sie die Frage nicht gehört. Žana starrt auf den Koffer. Ich wusste, wie lange du arbeitest. Und dass du direkt nach Hause kommst.

ŽANA Wieso wusstest du das, Mama? Wie konntest du es wissen, wenn nicht einmal ich meine Pläne kannte?

FRAU PETROVIĆ Ich wusste es eben.

ŽANA Aber ich habe auch mein Leben, Mama. Ich gehe aus, hocke nicht ständig zu Hause. Du musst dich eben anmelden.

FRAU PETROVIĆ Gut, nächstes Mal melde ich mich an.

Žana möchte weiter zanken, aber das geht nicht, die Mutter macht nicht mit. Frau Petrović ist auf eine Art versöhnlich, die Žana auf die Palme bringt.

ŽANA Wozu ein so großer Koffer?

FRAU PETROVIĆ Das sind halt meine Sachen. Du hast wieder abgenommen. Lass uns etwas essen. Soll ich uns etwas zum Mittag kochen?

Aufgrund medizinischer Erkenntnisse ist Žana der Meinung, dass jede Frau sich in einem bestimmten Zeitpunkt ihres Lebens entscheiden muss: Entweder ist sie dick oder sie hat Falten im Gesicht. Sie hat sich entschieden.

Sie zündet sich eine Zigarette an.

ŽANA Ich esse kein Mittag.

FRAU PETROVIĆ Du rauchst nur.

ŽANA Ich rauche, so viel ich Lust habe!

FRAU PETROVIĆ Gut, rauche ruhig weiter.

Wieder dasselbe: Frau Petrović will einfach nicht zanken.

ŽANA *Macht die Zigarette aus.* Und ... was hast du vor?

FRAU PETROVIĆ Nichts. Gar nichts. Ich bin völlig frei.

ŽANA Ich meine, wie lange willst du hierbleiben?

FRAU PETROVIĆ So lange, wie du sagst.

ŽANA Was habe ich dir zu sagen? Was hast du dir gedacht?

FRAU PETROVIĆ Ich dachte so lange zu bleiben, wie ich dich nicht störe.

ŽANA Du störst mich nicht, Mama. Bleib so lange, wie du willst. Ich möchte es nur wissen. Ich meine, du kannst ruhig über das Wochenende hierbleiben. Oder eine Woche, wenn du willst ...

FRAU PETROVIĆ Ach, nur so kurz ...

ŽANA Deshalb frage ich dich, was du vorhast.

FRAU PETROVIĆ Ich habe nichts vor.

Žana verliert die Geduld, falls sie die überhaupt je hatte.

ŽANA Mit dir kann man wirklich nicht reden! Ich stelle dir eine einfache Frage, wieso kannst du mir darauf nicht eine einfache Antwort geben?

FRAU PETROVIĆ Schrei nicht so, ich bitte dich.

ŽANA Wie soll ich nicht schreien, wenn du mir auf den Nerven herumtrampelst!

FRAU PETROVIĆ Besser wäre ich nicht gekommen ...

ŽANA Nein, besser hättest du Bescheid gegeben, und wir hätten etwas ausgemacht.

FRAU PETROVIĆ Störe ich dich vielleicht?

ŽANA Nein. Aber ich habe mein eigenes Leben.

FRAU PETROVIĆ Das sollst du auch haben. Wer hindert
dich daran? Du kannst deinen Geschäften nachgehen, so
als wäre ich nicht da.

Žana seufzt. Zündet sich noch eine an.

Ich gehe in die Küche, meine Lockenwickler anschließen.
Tu so, als wäre ich nicht hier.

Frau Petrović nimmt ihre altmodischen Lockenwickler mit.

ŽANA Bist du sicher, dass du nichts brauchst?

FRAU PETROVIĆ Gar nichts, meine Liebe. Sorge dich um
nichts. Verabrede dich mit jemand, geh aus, als wäre ich
nicht da.

ŽANA Na gut.

*Žana gibt nach. Schon glaubt man, alles sei vorbei, aber
Frau Petrović hält es doch nicht aus.*

FRAU PETROVIĆ Nur, du hast ja niemanden.

*Und verschwindet. Muss gesagt werden, wie Žana zumute
ist? Wie wütend sie ist, noch wütender als vorher, falls das
möglich ist. Aber sie beschließt, sich zu beherrschen, die
Kontrolle über sich, über das eigene Leben und die eigene
Wohnung zu behalten. Sie sagt zu sich selbst.*

ŽANA Ichregmichnichtauf,   ichregmichnichtauf,   ichregmichnichtauf ...

*Bis zu hundert Mal. Dabei regt sie sich schrecklich auf. Sie
zündet sich noch eine Zigarette an. Inhaliert den Rauch,
schluckt ihn, saugt ihn ein, behält ihn in der Lunge, bis ihr
schwindelig wird. Beruhigt sich ein wenig.*

Atmet aus.

Sie setzt sich, nimmt das Telefon, stellt den Aschenbecher und eine volle Zigarettenschachtel vor sich, lehnt sich zurück, wählt eine Nummer. Wartet, bis jemand abnimmt.

Im Hintergrund huscht die Mutter vorbei.

Hallo? Hier ist Žana ... Grüß dich, mein Kleines, ist die Mama zu Hause? Aha, beim Elternabend, aha ... Und wann kommt sie zurück? ... Ich habe dir schon gesagt, Žana ... Wieso, welche Žana? Die Freundin deiner Mama ... Ich hab jetzt keine Zeit dafür, sag mir lieber, wann sie zurück ist ... Was heißt „nachher"? Hör mal, Kleines, ich habe dir schon gesagt, dass ich keine Zeit habe für deine S c h e i ß s p i e l c h e n ...

Žana hat keine Kinder.

... Ja, das hab ich gesagt ... Na und? ... Nein, für mich ist das nicht verboten, vielleicht für dich, für mich nicht ... Aber deine Mama kann es m i r nicht verbieten ... Hör zu, mein Kind, sag Mama, dass ich angerufen habe. Verstehst du mich? Und hör auf, mir auf den Geist zu gehen.

Žana bricht das Gespräch ab. Ein Glück, dass sie keine Kinder hat.

Frau Petrović zeigt sich kurz und verschwindet wieder im Hintergrund. Žana zündet sich wieder eine an, wählt wieder eine Nummer. Sie raucht so viel, dass man manchmal meint, zwei Zigaretten glühten gleichzeitig. Und es ist auch so.

Hallo? Hier ist Žana. Wie geht es? ... Ach, so. Und für wen? ... Wer sind sie? ... Aha, die kenne ich nicht? ... Nein, ich frage nur. Und was kochst du Schönes? ... Für wie viele

Personen? ... Zwei Paare, das ist viel Arbeit. Feiert Ihr etwas? ... Nur so ... Ich? Nein, ich habe keine Zeit, ich habe was anderes vor, ich hab nur so gefragt. Und, was gibt es Neues? ... Ich weiß, dass du in der Küche stehst, aber du kannst doch trotzdem etwas sagen? Ich meine, das ist nicht wie im OP. Das ist keine wissenschaftliche Arbeit. Ich meine, dafür musst du dich nicht besonders konzentrieren ... Ich bin gar nicht nervös, nur gehst du mir etwas auf die Nerven! ... Weißt du was, konzentriere du dich jetzt auf deinen Backofen und wir hören uns, wenn du dich wieder aufs Telefonieren konzentrieren kannst. Tschüs.

Žana knallt den Hörer auf. Ihre Mutter zeigt sich wieder kurz.

FRAU PETROVIĆ Unangenehm, diese Freundin von dir.

ŽANA Ah, du spionierst?

FRAU PETROVIĆ Ich kann nichts dafür. Die Wohnung ist klein. Da höre ich zwangsläufig mit.

Die Mutter verschwindet wieder in der Küche.

Žana ist jedoch eine Frau, die die Flinte nicht so schnell ins Korn wirft. Sie wählt also eine weitere Nummer. Wartet. Das Telefon in der fremden Wohnung klingelt, klingelt und klingelt. Keiner geht ran. Žana legt auf. Wählt wieder dieselbe Nummer.

Wieder wartet sie, das Telefon klingelt, klingelt und klingelt. Keiner geht ran. Žana gibt es auf. Ruft ihrer Mutter zu.

ŽANA Mama, was machst du?

Die Mutter kommt.

FRAU PETROVIĆ Ich bin in der Küche. Brauchst du was?

ŽANA Ich brauche nichts, wollte nur wissen, was du tust.

FRAU PETROVIĆ Ich tue nichts. Sitze in der Küche, um dich nicht zu stören.

ŽANA Mama, ich bitte dich, spiel nicht die Märtyrerin. Setz dich, wohin du Lust hast, du störst mich nicht.

FRAU PETROVIĆ Ist gut.

Žanas Mutter will wieder in die Küche. Sie spielt doch die Märtyrerin.

ŽANA Wo willst du denn jetzt wieder hin?

FRAU PETROVIĆ In die Küche.

ŽANA Sieh mal an ... Und was willst du dort?

FRAU PETROVIĆ Lass mich bitte gehen, wohin ich will!

ŽANA Willst du in die Küche?

FRAU PETROVIĆ Ja.

ŽANA Dann sag klar, dass du in die Küche gehst, weil du das willst und nicht weil du mich nicht stören möchtest.

Die Mutter sieht Žana nur an und will sich wortlos zurückziehen.

Hast du mich gehört, Mama? Hast du mich gehört?

FRAU PETROVIĆ Ich und die ganze Nachbarschaft haben dein Geschrei gehört.

ŽANA Ich habe keine Nachbarn! Ich kann schreien, so viel ich will.

FRAU PETROVIĆ Du schreist nur noch.

ŽANA Ich muss schreien, weil du mir auf die Nerven gehst.

FRAU PETROVIĆ Deshalb sitze ich in der Küche, damit ich dir nicht auf die Nerven gehe.

ŽANA Ich muss übergeschnappt sein. Ich muss vollkommen verrückt sein!

Sag, Mama, was hast du vorhin gesagt? Hast du nicht gesagt, dass du in der Küche sitzt, weil …

Die alte Frau unterbricht sie. Antwortet übertrieben zerknirscht.

FRAU PETROVIĆ Ja, das habe ich gesagt.

ŽANA Und warum erzählst du jetzt etwas anderes? Warum, Mama?

Žanas Mutter schweigt, was Žana noch verrückter macht.

Mama, ich bitte dich, sprich mit mir.

FRAU PETROVIĆ Gut, mein Kind, ich habe einen Fehler gemacht. Kann ich jetzt gehen?

ŽANA Mama!!! Hör auf, das Opfer zu spielen!

FRAU PETROVIĆ Gut, ich höre auf. Kann ich jetzt gehen?

ŽANA Das machst du absichtlich. Du bist nur hierhergekommen, um mich zu quälen. Um mich für irgendetwas zu bestrafen. Warum willst du mich bestrafen? Warum? Was habe ich dir getan? Was habe ich falsch gemacht, Mama?

Frau Petrović blickt zu Boden. Wartet, dass auch dieser Anfall abebbt. Aber das tut er nicht.

Bin ich schuld daran, dass du alleine bist? Dass du alt und unglücklich bist? Dass du nichts mit deinem Leben anzufangen weißt?

Das ist für Žanas Mutter schließlich doch zu viel. Hat sie bisher die Elende nur gespielt, so fühlt sie sich jetzt wirklich elend.

FRAU PETROVIĆ Du solltest dich schämen.

Žana wird endlich still. Frau Petrović dreht sich um und geht in die Küche.

Žana seufzt, zündet sich wieder eine Zigarette an. Bei so viel Spannung bekommt das ganze Theater Lust zu rauchen.

Žana nimmt sich zusammen.

ŽANA Mama! Entschuldige, Mama! Ich bin nervös.

Keine Antwort.

Mama, du bist mir doch nicht böse?

FRAU PETROVIĆ *Aus der Küche.* Nein.

Eigentlich brauchen Mutter und Tochter nicht zu rufen, denn sie sind in einer kleinen Wohnung, in der man sich von Zimmer zu Zimmer in normaler Tonlage unterhalten kann.

ŽANA Ich mache mich jetzt fertig und gehe aus. Du kannst auspacken und es dir bequem machen. Kannst auch fernsehen.

Keine Antwort.

ŽANA Hast du mich gehört?

FRAU PETROVIĆ Ja, ich habe gehört.

Žana zieht noch ein paar Mal an der Zigarette. Gierig, unästhetisch.

Dann stößt sie einen Seufzer aus, nimmt das Telefon, wählt eine neue Nummer.

Wartet.

ŽANA Hallo Maks, ich bins. Ich dachte mir schon, dass du in der Stadt bist. Ich rufe einfach an, um zu hören, was du so treibst und ob du Lust hättest, auf einen Drink mit mir auszugehen. Melde dich, wenn du meine Nachricht bekommen hast. Wir könnten uns mal treffen, ein wenig ausquatschen. Als deine Exfrau habe ich wohl ein Recht darauf, Neuigkeiten zu erfahren ... Du hast bestimmt wieder eine Freundin? ... Melde dich doch, wenn du heute Abend in der Stadt bist. Hier ist schon wieder Post für dich angekommen. Wer schreibt dir wohl immer noch an diese Adresse?

Žana zieht es in die Länge. Sie möchte gern mit ihm reden.

Also, bis demnächst, tschüs ...

Und noch etwas. Wozu hast du dieses Handy, wenn du nie zu erreichen bist?

Žana legt auf.

Gleich drauf klingelt das Telefon.

Žana meldet sich sofort, nach dem ersten Klingelzeichen, voll trauriger Hoffnung.

Hallo?

Žana lauscht und lauscht, dann erwidert sie enttäuscht.

Nein, Sie haben sich verwählt.

Žana legt niedergeschlagen auf.

In der Küchentür steht ihre Mutter. Komplett angezogen, mit nachgezogenen Augenbrauen, die Tasche fest in der Hand.

Wohin willst du denn jetzt?

Žanas Mutter schweigt. Besser gesagt, sie weigert sich zu reden.

Mama, wo willst du hin?

FRAU PETROVIĆ Ich gehe.

ŽANA Wo gehst du hin? Hörst du mich, Mama? Antworte bitte, wo willst du hin?

FRAU PETROVIĆ Hör mir zu, Kind. Ich bin achtundsiebzig. Und ich bin deine Mutter. Du kannst dich nicht so aufführen.

ŽANA Ich weiß, Mama, verzeih mir, bitte.

Žana tut es aufrichtig leid.

FRAU PETROVIĆ Du bist so unbeherrscht.

ŽANA Ich weiß.

Mutter und Tochter sehen einander an. Sind den Tränen nahe. Beide.

FRAU PETROVIĆ Deshalb hat dich dein Mann auch verlassen.

Als hätte Žana einen Faustschlag ins Gesicht bekommen. Sie braucht eine Weile, um ihre Fassung wiederzufinden.

ŽANA *Kühl.* Raus. Sofort raus.

Frau Petrović nimmt beleidigt ihren schweren Koffer.

Žana denkt gar nicht daran, ihr zu helfen. Sie schreit nicht, ist extrem ruhig.

Verlasse meine Wohnung und melde dich n i e wieder. Ich will n i e mehr etwas von dir hören. N i e.

Frau Petrović geht raus, den Koffer hinter sich ziehend. Žana rührt sich nicht von der Stelle. Dann hört man ein Krachen. Einige Male schlägt der Koffer gegen die Stufen, dann plumpst ein alter Körper auf den Betonboden. Žanas Mutter lässt kurz ein leises Wimmern vernehmen und verstummt.

Žana wartet, hört nichts mehr. Dann rennt sie panisch los.

Mama! Mama!!!

Žana verlässt schreiend die Wohnung.

Mama!!!

Dunkel.

XI.

Küche im Haus Ignjatović.
Am Tisch die beiden Freunde, das Akademiemitglied und der
Anwärter. Vor ihnen nichts.
Die beiden Freunde aus der Studentenzeit sitzen nebeneinan-
der. Der eine ist jemand, der andere ein Nichts. Dabei möchte
dieser, bevor er stirbt, schrecklich gern noch etwas werden.
Alegra sitzt ihnen gegenüber und beobachtet sie.

IGNJATOVIĆ Ich weiß nicht, was ich dir anbieten könnte.

SIMIĆ Ich möchte nichts, danke.

IGNJATOVIĆ Dada mag nicht, wenn ich in der Küche her-
umwerkele.

SIMIĆ Ich habe dir schon gesagt, ich möchte nichts.

IGNJATOVIĆ Soll ich dir einen Tee aufbrühen?

ALEGRA Mama hat gesagt, man soll nichts anrühren.

IGNJATOVIĆ Aber einen Tee werde ich wohl noch machen
dürfen?

ALEGRA Mama hat das aber gesagt.

IGNJATOVIĆ Schön, mein Schatz. Der Opa weiß das.

SIMIĆ Ich trinke ohnehin keinen Tee.

IGNJATOVIĆ Ich lieber auch nicht. Sonst gibt es Ärger.
Ignjatović ist auf dem Land groß geworden, Simić in der
Stadt. Erster hat eine natürliche Beziehung zu Dingen, der
andere ist meist verkrampft.

IGNJATOVIĆ Sag schon, was du auf dem Herzen hast. Nachher kann Milan dich mitnehmen …

SIMIĆ O nein, nicht nötig. Ich gehe zu Fuß.

IGNJATOVIĆ Zu Fuß! Bei dem Regen?

SIMIĆ Ich bin nicht aus Zucker.

IGNJATOVIĆ Wie du willst.

Beide schweigen. Der eine überlegt, wo er anfangen soll, der andere wartet darauf, dass der eine anfängt, aber der zögert.

Das dauert eine Weile.

Ignjatović, direkt wie immer, verliert die Geduld.

Hör zu, Milisav, ich möchte nicht drängen, aber wir können nicht den ganzen Tag so verbringen! Sag schon, was du möchtest.

SIMIĆ Ach ja. Ja. Sieh mal. Das mit meiner Bewerbung.

IGNJATOVIĆ Ach das? Warum sagst du es nicht gleich? Ich hab mir schon Gott weiß was vorgestellt ... Also, ich habe es dir schon gesagt, die Dinge stehen schlecht. Zumindest für dieses Jahr. Im nächsten Sommer, da will ich nichts sagen ... du kannst es wieder versuchen. Nur ... ehrlich gesagt, ich bin da skeptisch.

SIMIĆ Aber wieso? Warum denn?

IGNJATOVIĆ Milisav, ich habe es dir schon einmal klargemacht. Das ist keine Bürgerinitiative. Es geht um die Bestenauslese unseres Landes. Um die größten Geister unter uns. Um die höchste Institution.

Simić ist es unangenehm, dass es seinem Freund nicht unangenehm ist, so mit ihm zu reden.

SIMIĆ Aber du bist doch ihr Mitglied.

IGNJATOVIĆ Und ob ich das bin!

Simić Hast du denn keinen Einfluss dort? Genießt du denn
kein Ansehen?

Ignjatović Ja, doch. Aber nur deshalb, weil ich meinen
Einfluss nicht unnütz vergeude. Wenn alle dagegen sind,
bin ich auch dagegen. Ich will nicht gegen den Strom
schwimmen.

Simić reißt der Geduldsfaden.

Simić Aber du hast mir doch vorgeschlagen, mich zu be-
werben!

Ignjatović Das hab ich zwar ...

Simić Mich hatte das doch gar nicht interessiert!

Ignjatović Warum drängst du dann jetzt so?

Simić Wieso verstehst du das nicht?

Ignjatović Das verstehe ich in der Tat nicht. Warum liegt
dir so sehr daran?

Simić Aber, Pavle, auch ich habe ein Ehrgefühl.

Ignjatović Ehrgefühl! Was hat das damit zu tun? Du solltest wirklich nicht übertreiben. Ich hab dich zwar vorgeschlagen, aber die Umstände sind so ... Vergiss es doch, gib
auf, dränge nicht.

Simić Ich soll vergessen? So wie du vergessen hast, was ich
für dich getan habe? Dass ich deinem Sohn ...

Simić hält inne, will vor dem Mädchen nicht reden.

Ignjatović Was hast du meinem Sohn? Ihm zum Ab-
schlussexamen verholfen? Na und? Das hat ihm wahrlich
einen großen Vorteil gebracht. Nicht einmal fünf Jahre
war er im Dienst.

Simić Ich möchte nicht vor dem Kind.

IGNJATOVIĆ Dann lass es.

SIMIĆ Kind, geh ein bisschen raus spielen.

ALEGRA Wollen Sie mich etwa aus meinem Haus vertreiben?

IGNJATOVIĆ Milisav, verärgere sie nicht.

SIMIĆ Dann sag dus ihr.

IGNJATOVIĆ Ich?

ALEGRA Sie haben mir gesagt, ich soll rausgehen. Raus aus
m e i n e m Haus.

IGNJATOVIĆ Nein, mein Schatz. Er hat es nicht so gemeint.

ALEGRA Raus in den Regen?

SIMIĆ Ich habe es wirklich nicht so gemeint.

ALEGRA Und wie haben Sie es dann gemeint?

*Simić ist es peinlich, sich vor einem zehnjährigen Kind
rechtfertigen zu müssen, auch wenn es eine Ignjatović ist.*

SIMIĆ Hör zu, Mädchen, dein Opa und ich haben etwas
Wichtiges zu besprechen. Etwas, was nichts für Kinder ist.

ALEGRA Ich darf es also nicht hören.

SIMIĆ So ist es.

ALEGRA Es gibt also etwas, was i c h in m e i n e m Haus
nicht hören darf?

SIMIĆ Was soll das denn bedeuten, Pavle?

IGNJATOVIĆ Sieh, Milisav, ich will dir was sagen. Das Mädchen hat recht. Du kannst es nicht in seinem Haus herum-
kommandieren. Und noch etwas muss ich dir sagen, wenn
du schon so drängst. Weißt du, warum man dich nicht
aufnehmen will? Weißt du, warum? Weil du bei den Kommunisten warst, das ist der Grund!

ALEGRA Sie sind ein Kommunist?

Alegra schreit so, als riefe man „Sie haben Läuse!" oder „Sie sind Jude!" oder „Sie sind Zigeuner!".

SIMIĆ Ich Kommunist? Wieso ... Das war doch auf dem Gymnasium.

IGNJATOVIĆ Aber es war eben so!

SIMIĆ Vor dem Krieg, Mann!

ALEGRA Sie sind ein Kommunist! Ein Kommunist!

Alegra hat in Wirklichkeit keine Ahnung, was sie da ruft. Sie weiß nur, dass sie, wenn sie so weitermacht, Simić in einen Nervenzusammenbruch treibt. Deshalb tut sie das auch.

SIMIĆ Aber du warst das auch! Und zwar viel länger als ich!

Alegra hört nicht auf zu rufen, so dass die beiden Männer gezwungen sind, lauter zu reden.

ALEGRA Ein Kommunist, Kommunist, Kommunist, Kommunist ...

IGNJATOVIĆ Das ist etwas anderes!

SIMIĆ Aber ich bin ausgetreten!

IGNJATOVIĆ Siehst du, und mich haben sie rausgeschmissen! Begreifst du den Unterschied? Ich war ein s c h l e c h - t e r Kommunist!

Alegra hört endlich auf zu schreien. Zugleich verstummt auch Simić.

Alegra setzt sich bei Ignjatović auf den Schoß. Umarmt ihren Großvater und schaut Simić verschlagen an.

ALEGRA Opa, sag diesem Kommunisten, er soll mein Haus verlassen.

IGNJATOVIĆ Du warst wohl eine Art Dissident, aber das genügt nicht.

SIMIĆ Das genügt nicht?

IGNJATOVIĆ Nein.

ALEGRA Opa, sag diesem Kommunisten …

Ignjatović sagt nichts, aber es ist ihm doch unangenehm.

Simić steht auf.

SIMIĆ Dann gehe ich.

IGNJATOVIĆ Das ist wohl am besten. Du brauchst auch nicht wiederzukommen. Das bringt nichts. Lebe dein Leben, lass diesen Ehrgeiz. Das rate ich dir.

Simić zischt giftig durch seine Plastikzähne.

SIMIĆ Und dir, Pavle, rate ich, aufzupassen, dass keiner auspackt. Dass keiner sagt, was du in deiner Jugend alles getrieben hast. Wen du alles liquidiert hast, und zwar eigenhändig, mein lieber Pavle.

IGNJATOVIĆ Komm, komm, Milisav. Geh jetzt lieber.

SIMIĆ Pass auf, dass ich es nicht ans Licht bringe, wen du auf welche Weise kaltgemacht hast. Eigenhändig.

IGNJATOVIĆ Ich weiß gar nicht, wovon du redest.

Ignjatović, mit sich versöhnt, lügt. Er hat kein schlechtes Gewissen, spürt nichts.

SIMIĆ Soll ich dir auf die Sprünge helfen, Pavle! Soll ich dir die genaue Zahl nennen? Dann kannst du die spielen und sehen, ob sie dir Glück bringt!

IGNJATOVIĆ Hau endlich ab.

Simić geht. Aus der Küche, aus dem Haus, aus dem Leben dieses Mannes.

Ignjatović bleibt allein mit seiner Enkelin, völlig ruhig, denn er hat kein Gewissen.

ALEGRA Opa, ist dieser Mann wirklich ein Kommunist?

Ignjatović schweigt.

Opa, was ist eigentlich ein Kommunist?

Ignjatović überlegt.

IGNJATOVIĆ Das ist nichts, mein Schatz. Dieser Mann ist ein – Nichts.

Dunkel.

XII.

Autobahnrastplatz, Holztisch und -bänke. Ein voller Abfall-
korb, Spuren von Ausflüglern, von deren improvisierten Mahl-
zeiten.

Fredi hat seinen Vater, einen verdrossenen, am Stock gehenden
Greis, untergehakt. Der Vater bewegt sich schwer, zieht das
linke Bein nach.

Fredi ist aufmerksam, geduldig, passt sich dem Tempo des Vaters
an. In der anderen Hand trägt er einen Korb voller Lebens-
mittel – belegte Brötchen, Obst, Getränke.

FREDI Langsam, Papa. Wir haben es nicht eilig. Langsam.

Fredis Vater setzt sich ganz langsam auf eine Bank. Stützt
sich auf seinen Stock, schaut wie immer in die Ferne.

Fredi bleibt stehen. Stellt den Korb vor den Vater.

Hier hast du alles. Belegte Brötchen, ein gebratenes Hähn-
chen, Äpfel, Milch.

Der Vater reagiert nicht. Er reagiert nie, zeigt nie, dass er
etwas verstanden, dass er überhaupt etwas gehört hat. Mit
seinem verdrossenen Blick starrt er auf einen imaginären
Punkt am Horizont, ohne dass man weiß, ob er überhaupt
etwas sieht.

Fredi versucht es zum letzten Mal.

Da ist auch Zucker. Auch Zucker, Papa.

Der Alte rührt sich nicht. Reagiert nicht einmal auf den
Zucker, das Einzige, was er gern isst, den er klaut und dann
heimlich im Mund behält, dessentwegen man ihm die Zehen

am rechten Fuß amputieren musste, ohne dass man den Prozess aufhalten konnte.

Am Ende ist Fredi der Überzeugung, dass er das Richtige tut. Sein alter Vater hat kein Bewusstsein, er weiß weder, wer er ist, noch wo er ist, noch sonst etwas.

Gut, Papa. Dann gehe ich.

Fredi zögert ein wenig, denn sein Plan ist doch monströs.

Es ist auch gar nicht sicher, ob er ihn ausführen, ob er an diesem Ort seinen Vater zurücklassen wird, der den Verstand verloren hat und nicht einmal seinen Namen kennt. Selbst wenn er seinen Namen wüsste, würde das auch nichts ändern, denn er schweigt schon seit Jahren und starrt, auf seinen Stock gestützt, stumm vor sich hin.

Eigentlich wissen nicht einmal seine Kinder, warum er aufgehört hat zu reden. Und warum er plötzlich böse geworden ist.

Auf wen.

Und weswegen.

Und wie es dazu kam.

Fredi zögert also. Denn der Vater könnte gerade jetzt reagieren. Vielleicht gibt er ein Zeichen, vielleicht zeigt er Verstand.

„Überhaupt", überlegt Fredi, „ich tue das nur zu seinem Wohl. Vielleicht wird er so aus seinem Zustand wachgerüttelt, vielleicht wird dieser Schock ihn aus dem Tiefschlaf wecken, denn er benimmt sich wie jemand, der schläft und dabei zufällig auch schlafwandelt."

So macht Fredi sich selbst Mut, damit sein Gewissen ihn nicht auf der Stelle umbringt.

Zum Vater hingegen sagt er.

Dann gehe ich.

Fredi greift dem Vater in die Innentasche der Jacke, holt daraus eine Brieftasche und entnimmt ihr dessen Papiere mit Lichtbild. Die steckt er ein. Dann holt er ein Bündel Geldscheine hervor, legt einen Teil davon in Vaters Brieftasche, den Rest stopft er in dessen Jackentaschen.

Da hast du genug. Ich gebe dir alles, was ich habe.

Am Ende findet er ein kleines Schwarzweißbild und steckt es in Vaters Brieftasche.

Das sind Dada und ich. Im Urlaub in Sutomore, achtundsiebzig. Du warst gerade nicht da.

Jović rührt sich nicht. Zuckt nicht, seufzt nicht, verzieht keine Miene.

Fredi schaut seinen Vater noch eine Weile an, dreht sich dann plötzlich um.

Tschüs, Papa.

Fredi geht weg.

Der Vater bleibt sitzen.

Man hört das Anlassen des Motors, ziemlich laut, fast hallend.

Der Alte sitzt weiter da.

Fredi legt den Gang ein, gibt Gas.

Der Vater rührt sich nicht.

Der Wagen entfernt sich, Fredi verlässt seinen Vater für immer.

Der Alte bleibt noch lange sitzen. Auf den Stock gestützt, schaut er vor sich hin.

Geräusche von der Tankstelle, vom Rastplatz, von krei-
schenden Kindern, von Automotoren, von Menschen, die
einander zurufen, die hupen, sich aufregen, sich küssen,
werden allmählich leiser.

Der alte Mann bleibt weiterhin regungslos sitzen.

Dann spricht er zum ersten Mal seit vielen Jahren mit einer
Stimme, deren Klang er selbst schon vergessen hatte.

JOVIĆ Einst waren meine Kinder sehr stolz auf mich. Einst.

In Sutomore, an der Adria.

Bei der Heuschreckenplage.

Der ganze Strand lachte über uns.

Aber ich zerquetschte sie mit Händen und Füßen und mit
dem Stock.

Und so habe ich meine Kinder gerettet.

Das war alles, was Jović zu sagen hatte.

Man hört Donner kurz vor dem Regen.

Aber dann fällt anstelle der Regentropfen Zucker auf den
alten Mann. Der Zucker rieselt und deckt ihn fast zu.

Dunkel.

ENDE DES ERSTEN TEILS

Zweiter Teil

XIII.

Vor einer Stanzwand im Fernsehstudio spricht Dada, eine
Fernbedienung in der Hand, den Wetterbericht.
Sie ist schön wie immer, sogar noch etwas schöner, obwohl ihr
Bauch gewaltig an Umfang zugenommen hat. Auch im Fernse-
hen artikuliert sie auf dieselbe kindliche Weise, sogar um eine
Oktave höher.
Dada erläutert das Wetterbild, indem sie mit der Hand auf
die blaue Stanzwand zeigt. Hätten wir einen Fernseher, wür-
den wir die vom Computer erzeugte Landkarte sehen, so aber
verstehen wir nichts. Dada ist dennoch beschwingt.

DADA Sonnenaufgang ist genau um sechs Uhr und sechsundvierzig Minuten, Sonnenuntergang um achtzehn Uhr
   und sechsundvierzig Minuten, was den morgigen Tag zu
   einem besonderen macht. Morgen haben wir, liebe Zu-
   schauer, die Herbst-Tagundnachtgleiche, in der Fachspra-
   che Äquinoktium genannt, den Zeitpunkt, an dem die
   Sonne den Himmelsäquator schneidet und sich von der
   nördlichen auf die südliche Erdballhälfte begibt.
   Dada zeigt den Süden an der falschen Stelle.
   Die Laien unter Ihnen möchte ich darauf hinweisen, dass
   dies eher eine traurige Nachricht ist, denn die Herbst-Tagundnachtgleiche besagt eigentlich, dass wieder ein Sommer zu Ende geht und der nächste Winter vor der Tür steht.

Dada stößt vor Trauer einen tiefen Seufzer aus. Ehrenwort.
Morgen in der Frühe wird es zunächst in den nördlichen, dann auch in den zentralen Landesteilen bedeckt und regnerisch sein, während der Süden am Vormittag trocken bleibt.

Schon wieder verfehlt Dada den Süden.
In der zweiten Tageshälfte heitert es dann auf, das Hoch wird alle Wolken regelrecht vertreiben, die sich über unserem schönen Land angesammelt haben, so dass es schon am Nachmittag und in den Abendstunden zu einem jähen Temperaturanstieg kommt. Schwacher bis mittelstarker Südwind. Der Luftdruck liegt über Normal, die minimale Tagestemperatur bewegt sich zwischen zwölf und fünfzehn, die maximale steigt sogar auf fünfundzwanzig Grad an.

Dada arbeitet beim staatlichen Fernsehen und drückt sich dementsprechend aus.
Dieses Wetter wird uns nur noch wenige Tage erhalten bleiben, dann aber geht es tatsächlich zu Ende. Deshalb empfehle ich Ihnen, diesen Altweibersommer auszukosten, solange er dauert, denn niemand weiß, was uns der nächste Tag bringt.

Dada klingt wie eine Verrückte, schaut in die Kamera.
Im Namen des diensthabenden Teams, im Namen des ganzen staatlichen Fernsehens wünsche ich Ihnen einen angenehmen Abend.

Dada hält inne. Blickt irgendwo in die Höhe.
Fertig?

Keine Antwort.

Was ist schon wieder mit meinem Make-up los? Warum glänzt mein Gesicht so?

Dada wartet auf eine Antwort. Faucht wütend.

Jemand sollte diesem Mädchen endlich mal sagen, wie man das macht!

Der starke Scheinwerfer wird ausgeschaltet. Danach wird es total.

Dunkel.

XIV.

Fredis Terrasse, ein großer Tisch gedeckt für sechs Personen, darauf eine Menge Speisen, die keiner anrührt.

Auf dieser Terrasse, aber auch im ganzen Stück, scheinen alle Personen Probleme mit dem Essen zu haben: Dada ekelt sich, Žana und Fredi essen grundsätzlich nicht, Maks ist seit seinem leichten Schlaganfall auf eine besondere Diät gesetzt, Milan hat weniger Lust zu essen, als zu trinken, und Nadežda nimmt immer eine ordentliche Mahlzeit zu sich, bevor sie ausgeht, denn seitdem sie mit Maks zusammen ist, bleibt sie am Abend immer hungrig.

Also, keiner isst, manch einer trinkt nur.

Und dennoch, ob Sie es glauben oder nicht, handelt es sich hier um ein freundschaftliches Abendessen.

Der Abend ist angenehm. Dada hatte gestern recht, die Temperatur beträgt mindestens fünfundzwanzig Grad. Der Himmel ist klar, man sieht jeden Stern.

FREDI Warum isst denn keiner? Wozu habe ich das alles bestellt?

Fredi hatte sich im Sommer operieren lassen. Er hat Kollagen in den Lippen und geschwollene Lider. Sieht aus wie ein Monster.

Nadežda würde gern zugreifen, will aber nicht die Einzige sein. Daher zögert sie.

MILAN Ich könnte vielleicht noch etwas Wein vertragen ...

FREDI Dort ist die Flasche. Schenk dir selber ein.

Von nun an bedient sich Milan selbst.

DADA   Und wann geht es wieder los, Maks? Ich meine, sind Sie wieder hergestellt?

MAKS   Völlig.

ŽANA   Und das in einem Rekordtempo, ein wahres Wunder!

MAKS   Ich hatte lediglich Glück. Es ging um Minuten. Žana kann Ihnen die Meinung des Ärztekonsiliums bestätigen: Wäre ich nur ein bisschen später gekommen, wäre alles ...

ŽANA   Aus.

DADA   Schrecklich. Aber wieso wussten Sie, wie merkten Sie, was auf Sie zukam? Es war doch ein Schlaganfall!

MAKS   Ein leichter. Ein leichter Schlaganfall. Nun, ich habe es einfach gespürt. Intuitiv.

Nadežda schaut ihn an. Er erwidert ihren Blick nicht.

Ein merkwürdiger Zustand ist das, diese Krankheit. Auf einmal begreift man, dass alles ... relativ ist.

Maks drischt Phrasen.

Soeben war man noch da, im nächsten Augenblick ist man schon weg. Man fühlt, dass man nur durch einen Zufall getrennt ist vom, vom ...

DADA   Vom Tod?

Maks sträubt sich. Er mag dieses Wort nicht aussprechen.

MAKS   Vom ... Ich mag das Wort nicht. Man begreift einfach, das Leben ist nichts, nur eine Mühsal ... Und dann beginnt man, anders zu denken. Man fragt sich, was man eigentlich für diese Welt getan hat. Was lässt man zurück? – Nichts!

DADA Aber, ich bitte Sie. Das können Sie von sich doch nicht sagen!

MAKS Ich versichere Ihnen – nichts. Kleinigkeiten, winzige Pünktchen in der Geschichte.

Dieser Mann meint von sich, ein Pünktchen in der Geschichte zu sein. Ist das etwa wenig?

Man sieht die Dinge plötzlich in einem anderen Licht. Man sammelt sich, beschließt, etwas zu tun, etwas, was wirklich Sinn hat. Sobald ich mich etwas besser fühlte, habe ich nahezu mein ganzes Geld gespendet – für Kinder, für Flüchtlinge, für zwei Kirchen und ein Erholungsheim in Promajina.

Maks erläutert.

Auch das für Kinder.

Maks prüft seine Wirkung auf die anderen.

Selbstverständlich anonym.

Maks ist sehr bedeutend. In seinen Augen.

Alle schweigen voller Bewunderung. Mehr oder weniger.

Dann fragt Nadežda aufrichtig, ganz ohne Ironie.

NADEŽDA Wieso anonym, wenn Sie ... es uns jetzt erzählen?

ŽANA Ach, ihr siezt euch? Deine alte Masche, Maks?

Maks überhört beide Fragen.

MAKS Jedenfalls am Wochenende fange ich wieder an zu arbeiten. Samstagabend, primetime.

DADA Wir sind alle gespannt darauf! Sie haben uns gefehlt!

ŽANA Das stimmt. Es gibt kaum noch richtiges Fernsehen. Alles nur Unterhaltung.

NADEŽDA Was bedeutet eigentlich M ü h s a l ?

Wieder bekommt sie keine Antwort. Vielleicht hat auch niemand ihre Frage wahrgenommen.

ŽANA Fredi, schaust du dir Maks an?

Fredi findet diese Unterhaltung langweilig. Er betastet seine Lippen.

FREDI Nein.

Alle halten inne, als hätten sie nicht richtig gehört. Aber Fredi bestätigt.

Nein, ich schaue mir das nicht an.

MAKS Im Ernst?

Maks lacht. Er denkt, es ihm gegeben zu haben. Der Mann ist so eitel, dass er sich nicht vorstellen kann, dass jemand sich seine Sendung nicht ansieht.

FREDI Ich sehe fast überhaupt nicht fern. Mit Ausnahme von Pornofilmen und Dada.

DADA Fredi!

Es geht los. Auf alles oder fast alles, was ihr Bruder sagt, antwortet Dada mit überbetontem Ausrufen seines Namens. Inzwischen lacht Nadežda verstohlen.

NADEŽDA Oje!

Sie stößt Maks mit dem Ellbogen, aber er scheint an dem Abend dick gepolstert zu sein und spürt nichts.

Dada blickt streng zu Nadežda hinüber.

FREDI Trickfilme! Ich habe mich versprochen, nicht Pornofilme, sondern Trickfilme!

Das stimmt nicht. Er kichert.

DADA Mein Lieber, lass diesen Unsinn ...

FREDI Dabei kann ich nicht sagen, was mir mehr Spaß bereitet: du, die du nicht weißt, wo Süden ist, oder das Häschen, das dem Jäger entwischt ...

DADA Wie meinst du das?

FREDI ... der ihm eine Kugel verpassen will.

DADA Wie meinst du das, dass ich nicht weiß, wo Süden ist?

Nadežda kugelt sich vor Lachen. Wenn er dürfte, würde Milan es ebenfalls tun.

FREDI Gestern hast du wieder in die falsche Richtung gezeigt.

DADA Mein Lieber, du verstehst nichts davon! Du hast keine Ahnung vom Zustand unserer Technik, der Monitor hatte wieder versagt.

FREDI Wozu brauchst du den Monitor? Du kennst doch die Himmelsrichtungen?

Jetzt hält auch Milan es nicht mehr aus. Und Nadežda bekommt einen Lachkrampf.

NADEŽDA Hiiiiiich ...

Dada wendet sich völlig ruhig an Milan.

DADA Wer ist diese Person?

Womit sie Nadežda meint. Milan zuckt mit den Achseln.

MILAN Keine Ahnung.

Milan schenkt sich Wein nach.

NADEŽDA Ich bin ... Nadežda. Wir arbeiten doch zusammen ...

Dada ignoriert Nadežda völlig. Dreht sich zu Fredi. Sieht ihn fragend an. Trotzdem fährt Nadežda fort.

Ich habe dich heute geschminkt. Gestern auch. Auch vorgestern. Die ganze letzte Woche.

Dada sieht weiterhin an Nadežda vorbei. Unter anderem auf Fredi. Und zwar fragend.

DADA Wie ist sie hierhergekommen?

Auch Fredi zuckt mit den Achseln, deutet auf Maks.

Ist das Ihre Freundin?

Maks möchte nicht antworten, das geht aber nicht. Am liebsten würde er sagen: „Nein, ich kenne sie überhaupt nicht", aber das geht auch nicht. Deswegen murmelt er unverständlich.

MAKS Ähmmmmmmm ...

Ein Geistesblitz.

Milan, ich brauche deinen Vater.

Das eine „M" ist in das andere übergeglitten. Nadežda wird traurig. Der Mann, mit dem sie zu diesem unangenehmen Abendessen mit Leuten, die sie gar nicht interessieren, gekommen ist, tut so, als kenne er sie nicht. Zumindest will er nicht zugeben, dass er sie kennt. Jedenfalls schämt er sich ihrer.

MILAN Wozu?

MAKS Für ein Interview. Ich bereite ein Special vor: die Geheimpolizei und die kommunistische Vergangenheit.

MILAN Da wird er nicht mitmachen.

DADA Warum nicht?

ŽANA Ja, warum?

MILAN Er will nicht darüber sprechen.

ŽANA Woher weißt du das, vielleicht will er?

MAKS Mir schlägt keiner was aus. Mach mir bitte nur den Kontakt mit ihm.

MILAN Ich bin sicher, er wird es nicht tun.

DADA Wirklich, woher weißt du das? Wieso bist du so sicher?

MILAN Ich hab es eben im Gefühl.

DADA Wen kümmert schon dein Gefühl? Man bittet dich um einen Kontakt, das ist alles. So viel kannst du wohl noch tun?

Milan schenkt sich Wein nach. Schweigt.

DADA Lassen Sie ihn, ich mache das für Sie. Ich mache Ihnen den Kontakt.

Milan starrt in sein Glas.

MILAN Ich sag es noch einmal, er wird sich weigern. Darüber will er nicht reden.

NADEŽDA Aber warum? Verbirgt er etwas? Alte Menschen tun das gerne. Meine Oma wollte nie darüber reden, dass sie sowohl bei den Tschetniks als auch bei den Partisanen war, dass sie eigentlich vor beiden geflohen ist. Sie mochte nicht, dass man davon erfuhr.

Žana und Milan lachen. Fredi langweilt sich. Dada zeigt nicht, dass sie Nadežda hört oder sieht. Sie schaut durch sie hindurch, aber auch wenn sie sie ansieht, zeigt sie keine Gemütsregung. Sie steht einfach über ihr.

ŽANA Sowohl vor den Tschetniks als auch vor den Partisanen geflohen? Das ist großartig…

NADEŽDA Ja, ja, vor den einen und vor den anderen…

Maks ist das peinlich. Er flüstert.

MAKS Hör auf…

Nadežda versteht nicht.

NADEŽDA Bitte?... Ich versichere es Ihnen! Zuerst ist sie zu
den Partisanen geflohen, besser gesagt, sie ist wegen einem
Nichtsnutz von zu Hause abgehauen. Der besuchte das
Gymnasium, das galt damals als etwas Besonderes. Zwei
Nächte verbrachte sie in einem Loch, das war ein richtiges
Erdloch, und wartete auf die Verbindung. Als sie dann zu
der Einheit stieß, eröffnete ihr dieser Typ, dass er eine Verlobte hat und von meiner Oma nichts mehr wissen will,
dass sie weggehen soll, um seinem Ansehen bei den Kame-
raden nicht zu schaden. Meine Oma weinte bitterlich und
am Ende beschloss sie, nach Hause zu gehen. Am nächsten Morgen zog die Einheit bergauf und meine Oma
bergab. Einen Tag später war sie zu Hause.

Nadežda verstummt für einen Augenblick.

Fast alle hören ihr zu.

Zu Hause fand sie das reinste Chaos vor. Die Mutter
wollte sie umbringen, denn die Familie war für die Tschetniks. Man hat sie verdroschen und in ein Zimmer einge-
sperrt, damit sie einen kühleren Kopf bekommt. Gegen
Abend aber springt sie hops aus dem Fenster und flieht in
den Wald. Diesmal zu den Tschetniks.

Alle amüsieren sich.

FREDI Deine Oma war offenbar so etwas wie ein nationaler
Versöhner? Verrückt!

NADEŽDA Sie hatte keine Ahnung. Wollte sich nur vor ihrer
Mutter rechtfertigen und hatte Angst vor der Strafe. Dort
traf sie auf irgendwelche bärtige und, wie Oma erzählte,
schreckliche Typen. Was willst du hier, sagten sie zu ihr,

wir sind eine ernste, eine königliche Armee, bei uns gibt es keine Weiber, marsch sofort zurück nach Hause! Sie brach in Tränen aus und hörte nicht auf zu weinen. Einer von ihnen war nett, und auch sonst hielt er viel von Sauberkeit.

Lachen.

MAKS *Diskret.* Schon gut, Nadežda ...

ŽANA Lass sie doch zu Ende erzählen. Und?

NADEŽDA Ich weiß nicht. Da war was passiert. Am nächsten Morgen zog die Oma los, sie wusste nicht, wohin, nach Hause traute sie sich jetzt gar nicht mehr, fand wieder jenes Erdloch, wartete dort auf die Verbindung und stieß erneut zu der Einheit.

MILAN Zu der Partisaneneinheit?

NADEŽDA Ja, natürlich. Und ihr Freund, der eine Verlobte hatte, war in dieser Nacht gefallen.

MILAN Entsetzlich.

NADEŽDA Ja. Oma blieb dort, dort kriegte sie auch ihr Kind, inzwischen war auch der Krieg zu Ende. Es kam die Befreiung.

ŽANA Das Kind? Von dem ...?

FREDI ... der sich gewaschen hatte?

Nadežda nickt.

NADEŽDA Sie gebar Mama. Meine Mutter.

FREDI Gigantisch.

NADEŽDA Eigentlich ein bisschen traurig.

ŽANA Gratuliere, Maks. Wo hast du die bloß aufgegabelt! Du übertriffst dich selbst!

Nadežda dämmert allmählich, dass diese Leute über sie lachen.

NADEŽDA Wie meinen Sie das?

MAKS Also, Žana, das ist nicht fair ...

ŽANA Aber sagen Sie, bedeutet das, dass Ihre Mutter ein Bastard ist? Ein Tschetnik-Bastard?

Alle verstummen. Sogar Fredi. Žana erklärt.

Ich meine, technisch gesehen, ist Ihre Mutter ...

NADEŽDA Meine Mutter ist tot. Sie ist gestorben.

Allen ist es peinlich.

ŽANA Aber das ist schrecklich. So jung?

NADEŽDA Jung war sie nicht. So ungefähr in Ihrem Alter.

Žana steckt das ein. Gibt gelassen zurück.

ŽANA Die Arme. Schade, dass Sie so schlecht über sie reden.

NADEŽDA Ich? Was habe ich Schlechtes gesagt?

Alle schweigen. Milan trinkt. Dada wiederholt ihre Frage. Diesmal stellt sie sie direkt an Maks, als sei Nadežda gar nicht anwesend.

DADA Ist das Ihre Frau?

ŽANA Das ist seine Freundin, die Ehefrau bin ich.

Milan ist schon besoffen genug, um von ganzem Herzen lachen zu können.

DADA Bitte?

MAKS Meine ehemalige Frau. Meine ehemalige ...

ŽANA Ich bevorzuge den Ausdruck „die Erste". Die erste Frau. Denn es gab auch eine zweite und eine dritte. Alle sind ehemalige, aber ich bin die erste.

MAKS Die dritte ist keine ehemalige.

DADA Wieso? Das verstehe ich nicht.

Unter dem Alkoholeinfluss biegt sich Milan vor Lachen.

MILAN Gott, bist du dumm!

Von nun an ignoriert Dada nicht nur Nadežda, sondern auch Milan. Als existiere er nicht, als sehe sie ihn gar nicht. Wenn Milan etwas sagt, reagiert Dada mit jener Zurück- haltung, die eine feine Dame an den Tag legt, wenn bei- spielsweise eine verrückte Person ihren Rock hebt und ihr Höschen zeigt. Sie steht einfach über diesen Dingen.

DADA Sie hatten keine Kinder?

MAKS Wir waren nur kurz verheiratet.

ŽANA Sieben Jahre.

MAKS Wir waren jung.

ŽANA Etwas jünger als Sie jetzt.

MAKS Am Anfang der Karriere.

ŽANA Seiner Karriere, nicht meiner.

MAKS Was willst du damit sagen?

ŽANA Nichts. Das, was ich gesagt habe.

MAKS Willst du sagen, dass du meinetwegen allein geblie- ben bist?

ŽANA Allein? Ich bin doch nicht allein!

MAKS Ach ja. Stimmt. Und wie geht es der Frau Mutter?

ŽANA Ausgezeichnet. Sie hat sich die Hüfte gebrochen.

MAKS Tatsächlich. Wie das.

ŽANA Es ist halt passiert. Deinetwegen.

MAKS Meinetwegen. Was du nicht sagst.

Maks' Fragen sind eigentlich keine richtigen Fragen. Daher auch keine Fragezeichen.

ŽANA Als sie erfuhr, dass du zum dritten Mal geheiratet hast, fiel sie in Ohnmacht. Die Treppe runter.

MAKS Das tut mir aber leid. Ich werde ihr Blumen schicken.

DADA Die dritte ist also die?

Zeigt auf Nadežda.

ŽANA Die nicht.

Dada dreht sich zu Maks. Erwartet eine Antwort.

DADA Ich kapiere nichts.

Sie kapiert wirklich nicht. Das behauptet sie. Maks, den Dada bewundert, ist jetzt gezwungen, sich entweder als ein mieser Typ oder als ein ganzer Kerl zu zeigen. Er fasst also Mut.

MAKS Nein. Nadežda ist nicht meine Frau. Aber sie ist heute Abend mit mir gekommen.

DADA Ach so.

MILAN Kapierst du jetzt endlich?

Dada schweigt. Hat gar nicht hingehört.

Gibt es noch etwas, was man dir erklären könnte? Vielleicht anhand einer Skizze? Sollen wir dir zum Beispiel zeigen, wo Süden ist?

Dada reagiert nicht. Wartet, bis die verrückte Person ihren Rock herunterlässt und das Höschen bedeckt.

Oder ist dir das schon bekannt? Weißt du das alles schon von selbst?

Es ist peinlich.

Komm, Dada, zeig uns jetzt die Himmelsrichtungen. Du kannst das doch so schön ...

Dada steht vorsichtig auf, denn sie ist schwanger.

Man nimmt an, sie will weggehen.

Aber sie räuspert sich nur und beginnt wie immer, auf die unsichtbare Karte zu zeigen.

DADA Osten ist links, Westen rechts, Norden ist oben und Süden dort, wo du in ein Dorf eingefallen bist, zwei Zivilisten getötet, dann die Waffen weggeworfen hast und desertiert bist. Von der Einheit abgehauen. Sowohl vor den Tschetniks als auch vor den Partisanen.

Grabesstille.

Dada setzt sich.

Milan murmelt etwas.

MILAN Das war ein Unglücksfall ... Ein Unfall. Das Gericht hat es bestätigt.

Dada sagt nichts mehr. Ihren Mann sieht und hört sie wieder nicht.

Alle schweigen.

Ist noch Wein da?

Fredi steht auf, schreitet demonstrativ wie ein Pfau, packt vier, fünf Flaschen Wein und knallt sie alle zusammen auf den Tisch.

FREDI Damit ich nicht alle paar Augenblicke aufstehen muss.

Es ist peinlich.

Warum seid ihr alle so langweilig und muffig und mit euch selbst beschäftigt? Dafür habe ich euch doch nicht eingeladen! Wir könnten von schöneren Dingen reden. Zum Beispiel von mir! Ist euch denn nichts aufgefallen?

Fredi stolziert herum. Zeigt sein Gesicht.

NADEŽDA Tut es weh? Was ist dir passiert?

FREDI Nichts ist mir passiert. Ich habe mich nur etwas auf-möbeln lassen. Maks, was sagst du dazu, he?

MAKS Ich sehe keinen Unterschied.

ŽANA Du bist gemein.

FREDI Siehst du! Hast du das gehört! Alle nehmen mich auf den Arm.

ŽANA Die haben keine Ahnung. Was verstehen die schon von Schönheitschirurgie!

FREDI Aber du verstehst auch nicht viel davon! Sieh nur, wie viel Kollagen du mir reingepumpt hast. Ich sehe aus, als wären meine Lippen vom vielen Blasen angeschwollen.

DADA Fredi!

FREDI Was ist: Fredi! Fredi?!

DADA Du siehst widerlich aus. Und hör auf mit diesen Unanständigkeiten.

Fredi wird traurig.

FREDI Ich dachte nicht, dass alles so kommt. Das habe ich nicht gewollt. Wirklich nicht ...

Fredi kämpft mit den Tränen.

Ich wollte nur noch einen Sommer. Nur noch einen. Ich wollte jung sein, reisen, irgendwo hinfahren, ins Auto steigen und fahren, aus der Stadt hinausfahren, über die Autobahn, ganz ohne Ziel. Aber an der Autobahnauffahrt stand dieser Hund. Ein verschwitzter, verrückter, riesen-großer Hund, der jedem Auto nachjagte, jedem vorbei-fahrenden Lastwagen nachbellte und nachwinselte. Er guckte so erbärmlich und herzzerreißend, rannte verzweifelt auf und ab und über die volle Fahrbahn und suchte den Weg nach Hause!

Fredi kommen die Tränen.

Jemand hatte ihn dort ausgesetzt ...!

Fredi bricht in Tränen aus. Weint unaufhaltsam, herzerweichend.

Niemand weiß, was geschehen ist.

Und die Person, die es weiß, schweigt.

Žana umarmt ihren Kollegen.

ŽANA Komm, beruhige dich. Das wird dir helfen.

Žana reicht Fredi irgendwelche Tabletten.

Er lehnt ab.

FREDI Ich will kein Valium, ich will nichts! Ich will mich nicht beruhigen! Ich habe es nicht so gewollt ...

Fredi heult weiter. Žana gibt ihm wie einem Kind das Medikament mit etwas Wasser.

Auch Milan hat Alkoholtränen in den Augen.

MAKS Schaut euch den an. Warum heulst du jetzt auch noch?

MILAN Ich weiß nicht.

In diesem Augenblick erklingt von oben, aus einer fremden Wohnung oder von einer fremden Terrasse, Musik. „Night and Day".

Alle schauen um sich.

MAKS Was ist das?

FREDI Die Nachbarn. Sie spielen das immer, wenn sie vögeln.

DADA Fredi!

FREDI Entschuldige.

MAKS Allerhand.

NADEŽDA Ich liebe dieses Lied.

MILAN Und ich hasse es.

NADEŽDA Warum denn, es ist wunderschön! Lasst uns doch tanzen!

Keiner mag, nur Nadežda steht auf. Sie steppt ein wenig, tanzt zu der Big-Band-Musik.

NADEŽDA Komm, Fredi, tanz mit mir!

Sie packt ihn an den Händen. Er zögert.

FREDI Ich kann nicht steppen.

NADEŽDA Doch. Das ist nicht schwer. Komm.

Fredi gibt nach. Steht auf.

FREDI Aber ich kann es wirklich nicht ...

NADEŽDA Du brauchst es mir nur nachzumachen!

Als wäre sie ihr Leben lang in den Filmen Vincent Minellis aufgetreten, beginnt Nadežda, ganz fantastisch zu tanzen. Fredi macht mit und gibt, ohne zu wissen, wie, einen ausgezeichneten Partner ab. Die Füße machen es von selbst, der Körper schwingt mit, beide sind von ihrer Kunstfertigkeit angetan. Sie tanzen zauberhaft, die Musik ist ohrenbetäubend.

ŽANA Seht nur, wie sie tanzt!

MAKS Natürlich. Was hast du gedacht?

Fredi lacht, Nadežda lacht, sie tanzen, genießen den Augenblick. Alle schauen ihnen zu.

Dadas Handy klingelt. Sie schreit hinein.

DADA Hallo? Hallo? Ich kann nichts hören, die Musik ist zu laut. Hallo?

Nadežda und Fredi vollführen eine bravouröse Drehung.

Dada brüllt.

Hallo, mein Liebes, sprich lauter, Mama kann dich nicht hören!

Reicht Milan das Telefon.

Übernimm du es, ich kann nichts verstehen. Dein Vater scheint wieder etwas angestellt zu haben!

Milan nimmt das Handy. Nadežda bleibt plötzlich stehen, die Musik hört auf. Nadežda rutscht die Bemerkung heraus.

NADEŽDA Jemand ist gestorben.

Niemand versteht sie, alle achten nur auf das Telefongespräch.

MILAN Hallo? Hallo? Was ist passiert? ... Nein, Alegra, du kannst nicht mit Mama sprechen. Mir sollst du sagen, was passiert ist ... Weil ich es dir sage ... weil ich es dir sage!!! ... Wie unverschämt? Was hat er angerichtet? ... Er rührt sich nicht? Wieso rührt er sich nicht?! ... Dann musst du ihn rütteln! ... Alegra, hörst du mich, stark rütteln! ... Stärker, er muss es spüren, gib ihm einen Fußtritt! Alegra, Alegra ...

Dada nimmt sehr gefasst Milan das Telefon aus der Hand, unterbricht ihren Mann mitten im Wort.

DADA Ich bins, mein Liebes, die Mama. Hör mir jetzt aufmerksam zu und tu genau, was ich dir sage. Verlasse die Küche und lass den Opa dort liegen. Geh in dein Zimmer, schalte den Fernseher ein und warte, bis ich komme. Hast du mich verstanden? In dein Zimmer und schalte den Fernseher ein. Ich werde dich nachher abfragen, was du gesehen hast ... Ja, genau so, mein Liebes. Mama ist gleich bei dir.

Dada beendet das Gespräch. Schaut alle Anwesenden an.
Zieht wortlos ab.
Milan steht auf, geht torkelnd hinter ihr her.
Maks, Fredi und Nadežda wissen nicht, was sie sagen sollen.
Žana hingegen schon.

ŽANA Maks, dein Interview ist geplatzt.

Dunkel.

XV.

Vor dem Haus von Nadeždas Großmutter. Dasselbe Fenster,
jetzt geschlossen, der Rollladen heruntergelassen. Der gleiche
verwilderte Garten, eine Jahreszeit später.
Nadežda geht auf das Haus zu. Nur einige Schritte hinter ihr
Simić, der sie offenbar wirklich verfolgt.
Simić im selben Mantel, am Arm einen schwarzen Regen-
schirm. Nadežda bleibt stehen, Simić ebenfalls, wobei er sich
auf den Regenschirm wie auf einen Stock stützt. Nadežda
dreht sich nicht um, Simić rührt sich nicht, tut so, als schaue er
vor sich hin.
Nadežda geht weiter, Simić auch, Nadežda dreht sich plötzlich
um, Simić öffnet schnell den Regenschirm, versteckt sich da-
hinter. Dabei regnet es nicht.

NADEŽDA He! Was machen Sie hier?

Simić gibt vor, nichts zu hören. Was besonders dreist ist,
denn er steht nur zwei Schritte von ihr entfernt.

Hören Sie mich nicht?

Simić schaut vor sich hin, versteckt sich albern hinter dem
Regenschirm.

Glauben Sie etwa, Sie seien unsichtbar? Meinen Sie, Sie
hätten einen Zauberschirm?

Simić, etwas verunsichert, verharrt dennoch. Tut so, als
höre er nicht.

Nadežda ruft.

He, Harry Potter! Ich spreche mit Ihnen!

Simić kommt hinter seinem Schirm hervor. Nadežda triumphiert.

Guten Tag!

Simić gibt sich überrascht.

SIMIĆ Ach, Sie sind das?

NADEŽDA Wer denn sonst?

SIMIĆ Ich habe Sie nicht gesehen.

NADEŽDA Sie lügen. Warum stellen Sie mir nach?

SIMIĆ Ich? Ich Ihnen nachstellen? Unsinn ...

NADEŽDA Was wollen Sie von mir? Warum verfolgen Sie mich?!

SIMIĆ Mädchen, Sie verwechseln mich wohl mit jemandem.

NADEŽDA Jedes Mal wenn ich mich umdrehe, sehe ich Sie hinter mir herschleichen!

SIMIĆ Ich weiß nicht, wovon Sie sprechen. Ich gehe zu einem Treffen.

NADEŽDA Mit wem denn? Mit Ihrem Bestattungsunternehmer?

Simić schließt den Regenschirm. Geht weiter.

SIMIĆ Sie sind ein schlecht erzogenes Frauenzimmer.

Geht an ihr vorbei.

NADEŽDA Dass ich nicht lache!

Simić spricht nicht mehr.

Wo wollen Sie jetzt hin? Wohin gehen Sie? Warum antworten Sie nicht?

Simić ist dabei, sich zu entfernen.

Hören Sie auf, mich zu verfolgen, sonst zeige ich Sie an!

Simić weg.

Nadežda tut es fast leid. Sie möchte weiter zanken.

Sie steigt flink die Treppe hoch, stößt kräftig gegen die Tür.
Abgesperrt.

Schon wieder zu. Immer zu! Warum muss das immer mir passieren!

Nadežda rüttelt an der Tür. Ruft.

Oma! Oma, ich bins! Hörst du mich, Oma?!

Nadežda tritt wütend gegen die Tür.

Was ist nur mit diesen Leuten los? Mit diesen grässlichen alten Leuten?

Sie geht zum Fenster, stellt sich auf die Zehenspitzen, schaut angestrengt durch einen Spalt im Rollladen.

Oma, mach auf, ich bins, Nadežda! Ich möchte dich sehen. Mach bitte auf. Verzeih mir, falls du mir böse bist. Ich bitte dich, verzeih mir. Ich möchte dich sehen.

Nadežda wartet. Keine Antwort. Wieder stellt sie sich auf die Zehenspitzen. Spricht durch das geschlossene Fenster.

Ich möchte dich so gern sehen.

Nichts. Nadežda stößt einen Seufzer aus. Setzt sich.

Simić erscheint an der Ecke. Schaut sie an. Nadežda sieht ihn nicht.

Durch das geschlossene Fenster und den herabgelassenen Rollladen dringt eine schwache Stimme. Der gleiche dünne Sopran trällert dasselbe Lied.

Nadežda rührt sich nicht. Sie weiß, falls sie es wieder versucht, verschwindet der Zauber.

Ihre Augen füllen sich mit Tränen.

Simić meldet sich von der Ecke.

SIMIĆ Dort ist niemand. Die Wohnung ist leer.

Nadežda steht auf, wischt die Tränen fort, will weg, ohne Simić anzusehen.

Die Stimme verstummt.

Warten Sie! Ich habe etwas für Sie.

Nadežda bleibt nicht stehen. Simić eilt ihr nach. Außer Atem, holt er sie ein. Aus seiner kunstledernen Aktentasche nimmt er eine blaue Mappe.

SIMIĆ Ich habe Erkundigungen eingeholt. In der Gemeinde und am Friedhof. Hier haben Sie alle Papiere: die Sterbeurkunde, den Friedhof und die Nummer der Grabstelle.

Nadežda schaut hin, begreift nichts.

Vor zwei Jahren ist sie verstorben. Es tut mir leid. Jemand musste es Ihnen doch sagen.

Nadežda sieht ihn an, nimmt die Mappe.

Dunkel.

XVI.

Eine Parkbank. Darauf Milan, daneben Simić, der seine Akten-
tasche auf dem Schoß knetet.
Hinter ihnen in der Tiefe spazieren, einen Fuß vor den ande-
ren setzend, Žana und ihre Mutter. Frau Petrović bewegt sich
langsam, mit einer Gehhilfe. Neben ihr geht genauso langsam
Žana und raucht. Mit einer Hand hält sie die Mutter, in der
anderen – eine Zigarette.

SIMIĆ Waren viele Leute da?

MILAN Sehr viele. Die Totenmesse musste um eine Stunde
verschoben werden. Die Schlange der Kondolierenden
war zu lang.

SIMIĆ Totenmesse?

MILAN So hatten wir verfügt.

SIMIĆ Er hat nicht viel davon gehalten.

MILAN Trotzdem.

SIMIĆ Recht haben Sie.

Simić wartet eine Weile und fährt dann fort.

SIMIĆ Wurden auch Reden gehalten?

MILAN Vier Reden.

SIMIĆ So viele? Und was wurde da gesagt?

MILAN Ich habe nicht zugehört. Es steht alles in der Zeitung, da können Sie es nachlesen.

SIMIĆ Ja, richtig. Verzeihung. Es war dumm von mir, Sie
danach zu fragen.

Schweigen.

Es tut mir leid, dass ich nicht dabei war.

MILAN Nicht so schlimm.

SIMIĆ Ich konnte einfach nicht. Es ging nicht. Wissen Sie, Ihr Vater und ich sind nicht im Guten voneinander geschieden. *Milan interessiert das nicht. Er wirkt überhaupt abwesend.*

MILAN Ja?

SIMIĆ Hat er es Ihnen nicht erzählt?

MILAN Herr Professor, mein Vater hat mir nie etwas erzählt. Das wissen Sie doch.

SIMIĆ Ich weiß, ich weiß. Ich meinte ... hat er von mir gesprochen?

MILAN Nie.

SIMIĆ Das wundert mich. Ich weiß, dass ihn unser Abschied nicht gleichgültig gelassen hat.

MILAN Auch wenn es so war, er hat mir nichts davon gesagt.

SIMIĆ Gut. Macht nichts. Jemandem wird er es schon erzählt haben. Das erfahre ich noch.

Schweigen.

SIMIĆ Und die Kleine? Wie hat sie es aufgenommen?

MILAN Ganz gut, sie ist so. Mein Vater ist eigentlich in ihrem Beisein gestorben. Er ist in der Küche umgefallen, während er auf sie aufpasste. Alegra sagt, sie habe nichts gehört. Gar nichts. Sie fand ihn nur tot am Boden.

SIMIĆ Armes Kind.

MILAN Er hat ihr alles hinterlassen. Die Wohnung und das ganze Geld. Jetzt wohnen wir praktisch bei ihr.

Žana bemerkt Milan.

ŽANA Milan!

Milan und Simić drehen sich um. Simić steht auf, so wie er es immer bei Frauen tut. Milan winkt nur.

Ein Mädchen, wie ich höre! Gratuliere.

MILAN Ja, ein Mädchen. Danke.

ŽANA Meinen Glückwunsch!

Milan nickt, lächelt säuerlich.

SIMIĆ Milan, wieso sagen Sie mir das nicht? Sie haben eine Tochter bekommen!

Milan nickt nur, lächelt säuerlich.

Aber dann halte ich Sie jetzt auf!

MILAN Nicht so schlimm. Aber jetzt muss ich gehen.

SIMIĆ Natürlich, ich verstehe.

MILAN Warum haben Sie mich eigentlich gerufen? Sie wollten mir etwas geben. Was denn? Was haben Sie in der Tasche? Bestimmt etwas Wichtiges, was ich wissen sollte?

Simić zögert.

In dieser Tasche, die Sie überall mitschleppen, in dieser abgewetzten Tasche, die Sie so krampfhaft an sich drücken, was gibt es da drin? Was verbergen Sie da: Papiere, Briefe, Dokumente? Etwas, aus dem schwarz auf weiß hervorgeht, was mein Vater war? Und jetzt denken Sie, was, wenn ich das erfahre?

Simić antwortet nicht. Milan erwartet es von ihm auch gar nicht.

Ob ich es erfahre oder nicht, jetzt ist sowieso alles vorbei. Jetzt ist nichts mehr wichtig. Ihm ist es jetzt egal.

Milan steht auf.

Es ist Zeit für mich.

Simić steht ebenfalls auf.

SIMIĆ Natürlich. Gehen Sie nur. Hier, nehmen Sie das.

Simić reicht ihm einen Umschlag. Milan nimmt ihn unwillig entgegen, öffnet ihn. Drinnen sind Lottoscheine. Mindestens fünfzig Stück.

MILAN Was ist das? Lottoscheine?

SIMIĆ Die hat Ihnen Ihr Vater hinterlassen. Er hat mich gebeten, sie Ihnen zu geben.

Milan schaut sich die Zahlen auf den ausgefüllten Lottoscheinen an. Ist den Tränen nahe.

MILAN Danke, ich danke Ihnen ...

SIMIĆ Keine Ursache, mein Junge. Gehen Sie nur.

Milan geht. Dreht sich um.

MILAN Soll ich Sie irgendwohin mitnehmen?

Simić zögert.

Wollen Sie?

SIMIĆ Na ja ... doch.

MILAN Dann gehen wir.

Milan freut sich. Legt seinen Arm um den Alten. Beide weg.

Auf der Bühne geschieht einige Augenblicke nichts. Nur Žana und ihre Mutter überqueren sie im Schneckentempo, Schritt für Schritt, von einem Ende zum anderen.

Dann meldet sich Frau Petrović.

FRAU PETROVIĆ Dieser junge Mann ist schrecklich unsympathisch.

ŽANA Stimmt.

Žana raucht.

Und, stell dir vor, der hat trotzdem eine Frau. Und Kinder.

FRAU PETROVIĆ Ja, ja, das habe ich gehört.

Sie schreiten.

Lass dir von deiner Mama sagen: Du bist besser als die alle zusammen.

Žana lacht. Etwas säuerlich, aber dennoch.

Sie gehen schweigend weiter.

Schließlich verlassen sie die Bühne.

Dunkel.

XVII.

Fredis Terrasse. Der Tisch ist zur Seite gerückt, in der Mitte steht jetzt eine große mit Wasser gefüllte Badewanne.
Von oben, aus einer Wohnung, aus einem leeren Raum, erreicht uns jener dünne Sopran mit dem bekannten Lied.
Fredi hat seinen Vater untergehakt, der bepinkelt, mit Zucker verschmiert, schmutzig und weiß ist wie ein Gespenst, und führt ihn langsam zur Badewanne.

FREDI Langsam, Papa. Keine Eile. Langsam. Wir haben Zeit. Keiner wartet auf uns.
Der Greis antwortet nicht. Er hat den bekannten abwesenden Gesichtsausdruck, den bekannten Stock, den bekannten Blick in die Ferne, nur dass er jetzt zuckerweiß ist.
Komm. Das müssen wir ausziehen. Langsam. Pass auf, dass du nicht fällst.
Fredi ist außerordentlich zärtlich zu seinem Vater. Er zieht ihm behutsam die Kleider aus, redet mit ihm fast wie mit einem Kind.
Du hast dich aber schmutzig gemacht. Wo hast du bloß all den Zucker gefunden.
Fredi schimpft nicht mit dem alten Mann. Er macht sich wirklich Sorgen.
Jetzt langsam, zunächst den einen Fuß, dann den anderen. Stütz dich auf mich.
Jović versteht nichts, hört nicht zu, sieht seinen Sohn nicht an. Fredi setzt ihn dennoch in die Badewanne.

So. Ausgezeichnet. Ist das Wasser richtig? Nicht zu warm?

Keine Antwort. Fredi geht in die Knie, reibt dem Vater mit einem Schwamm den Rücken.

Langsam. Ganz langsam. Wir haben es nicht eilig. Keiner wartet auf uns.

Fredi badet seinen Vater.

Und jetzt das Gesicht.

Der Vater versteht nicht. Fredi wäscht trotzdem. Dann verzieht er das Gesicht. Sagt leise.

Aber Papa. Doch nicht in die Badewanne.

Der Alte blickt irgendwohin.

Dunkel.

XVIII.

Die gleiche Parkbank. Darauf Nadežda und Maks.

MAKS Ich war besorgt.

NADEŽDA Um wen? Um mich oder um dich?

MAKS Willst du wirklich aufhören zu arbeiten?

Nadežda nickt.

NADEŽDA Ich habe viel geerbt, auch die Wohnung. Jetzt lebe ich dort.

Nadežda fällt etwas ein. Sie schlägt ordnungshalber vor.

Die ist gleich um die Ecke. Kommst du auf einen Sprung?

MAKS Nein, ich möchte nicht ...

Nadežda lächelt ihn an.

NADEŽDA Ich auch nicht.

Sie schweigen eine Weile.

MAKS Weißt du, auch ich war nicht dabei, als meine Mutter starb. Auch bei der Beerdigung war ich nicht. Ich war verreist.

NADEŽDA Weil du den Tod fürchtest. Du hast Angst, dich anzustecken.

MAKS Nein, sondern weil die Beerdigungen niemandem nützen. Den Toten sind sie egal und den Lebenden wird dadurch nicht leichter. Friedhöfe sind nichts für lebende Menschen.

NADEŽDA Was möchtest du dann? Dass man dich gar nicht beerdigt?

MAKS Nein.

NADEŽDA Möchtest du eingeäschert werden?

MAKS Nein!

NADEŽDA Was denn?

MAKS Nichts. Ich möchte nichts.

NADEŽDA Etwas muss man machen.

MAKS Vielleicht muss man nicht.

NADEŽDA Aber einmal musst du sterben!

MAKS Woher weißt du das?

Beide verstummen. Nadežda blickt zum Himmel.

NADEŽDA Was für ein schöner Tag. Es soll der letzte sein.

MAKS Manchmal vertun sie sich.

NADEŽDA Morgen soll es wieder regnen.

MAKS Wir werden sehen.

NADEŽDA Die Neue an Dadas Stelle ist nicht schlecht.

MAKS Du hättest genauso gut diese Stelle bekommen können. Ich hätte das für dich geregelt ...

Nadežda lacht. Steht auf.

NADEŽDA Ich danke dir.

Nadežda reicht ihm die Hand.

Also dann ...

Maks steht auf. Reicht ihr seinerseits die Hand.

MAKS Du gehst.

Sie schütteln sich die Hände. Ganz wie zwei Fremde.

NADEŽDA Ich muss.

MAKS Ich muss auch.

Sag mir, wieso wusstest du von all den Dingen. Was für ein
Trick ist das?

NADEŽDA Das ist kein Trick.

MAKS Sondern?

Nadežda zuckt mit den Achseln.

NADEŽDA Ich weiß es nicht.

MAKS Sag mir ... Weißt du noch mehr?

NADEŽDA Von dir?

MAKS Zum Beispiel.

NADEŽDA Was?

MAKS Ich weiß nicht. Zum Beispiel ... Wann ich ...?

NADEŽDA Wann du was?

Maks schweigt.

Sterben wirst?

Maks setzt sich.

MAKS Ich mag dieses Wort nicht.

NADEŽDA Das Wort tut dir nichts.

Nadežda betrachtet ihn.

Meine Oma sagte immer: „Es ist nicht schlimm zu sterben. Es ist nur schlimm, alt zu werden."

MAKS Deine Oma war offenbar wirklich etwas Besonderes.

NADEŽDA Natürlich.

Nadežda freut sich. Sie freut sich wirklich, dass dieser Mann ihre nichtexistierende Großmutter lobt.

Jetzt gehe ich aber wirklich. Bleib nur sitzen.

Nadežda geht. Maks steht doch auf. Nadežda dreht sich um.

Maks. Weißt du was. Eigentlich hast du recht. Eigentlich glaube ich, du wirst wirklich nicht ...

MAKS Sterben?

Nadežda nickt.

NADEŽDA So scheint es mir.

Ich bin fast sicher.

Ich sehe es ganz klar.

Du wirst derjenige sein.

Nadežda winkt Maks. Fröhlich, sorglos.

Auf Wiedersehen, Maks!

Nadežda ab.

MAKS Da geht sie, und ich bleibe. Dabei wollte ich noch etwas sagen. Noch etwas fragen.

Noch etwas ausdrücken.

Mich von ihr verabschieden.

Ich will mich nur ein wenig hinsetzen, nur etwas nach-denken ...

Wenn mich der Hirnschlag trifft,

wird es,

bevor ich überhaupt etwas begreife,

völlig dunkel.

Maks stirbt.

Es wird.

Dunkel.

ENDE

Milena Marković

Der Wald leuchtet
Ein Drama, das an einem Abend beginnt und am
folgenden Morgen endet

Originaltitel: Šuma blista

Maca – Kneipensängerin, schön und mit einer heiseren Stimme; sowohl ihre Stimme als auch ihre Schönheit schmelzen dahin.

Trainer – ehemaliger Trainer des örtlichen Fußballklubs, Alkoholiker, Barmann und Rausschmeißer, ein kräftiger Kerl und ein Waschlappen, verliebt in Maca.

Srećko – hat im Schoß der Kirche eine Wandlung erfahren; er überlebte es, wurde dabei aber zum Wrack.

Lole – eine junge Bestie mit weißen Zähnen, mit denen er eine Brotrinde durchzubeißen vermag, Gefühle hat er nur für seine Kinder, die er mit seiner unsichtbaren Mutter großzieht.

Die Mädchen (Die Blonde, Die Schwarze, Die Brünette und Das Kind) – aufgegabelt am Straßenrand, haben sich aufgemacht, etwas zu sehen, etwas zu erleben, etwas zu verdienen.

Wirt – Besitzer einer Kneipe, eines Lebensmittelgeschäfts, einer Altautoverwertung, erfährt späte Lebensfreuden, die in der beschriebenen Nacht jäh enden.

Arbeiter und Bauleiter – holzen den Wald ab, später werden sie erkranken, erblinden, werden nicht mehr mit Frauen schlafen können, von ihren Kindern werden sie auf die alten Tage verstoßen, falls sie die überhaupt erleben, aber davon handelt diese Geschichte nicht.

Der Wald leuchtet der Wald singt
La ku ku ku ku ku
Hier ein Bach dort ein Blümchen
Voller Glück erstrahlt das Häschen

Der Abend

Eine Kneipe an einer Landstraße. Drinnen rechts ein Podium mit Scheinwerfern, von denen zwei grün leuchten. Auf dem Podium Musikinstrumente – eine Ziehharmonika, eine Trommel, ein Synthesizer. In der Ferne hört man Lastwagen brummen. Wind heult. Maca und der Trainer sitzen am Tisch, trinken Schnaps. Er ist kurz eingenickt. Sie trägt einen Morgenmantel, darunter sieht man Schuhe mit hohen Absätzen und rote Netzstrümpfe. Hinter den beiden die Theke, daneben ein Grill. Links vom Podium vier weitere Tische. Die beiden sind betrunken. Maca trippelt mit den Füßen unter dem Tisch wie beim Gummitwist.

MACA Ich glaub, das ist mein Geburtstag heute.
TRAINER Weißt du das denn nicht?
MACA Nein.

TRAINER Ich weiß auch nicht, wann ich geboren bin, es gab da eine Mauschelei mit den Bezugsscheinen, meine Mutter hat mich jünger gemacht, damit sie, ich weiß auch nicht, was ...

MACA Dummes Zeug ...

TRAINER Es war aber so.

MACA Es war, es war – wenn du was erzählen willst, erzähl es bis zu Ende, so ist das nur doof ...

TRAINER Ich bin halt ganz und gar ein bisschen doof.

MACA Genau – ich glaube, ich bin gerade in dieser Stunde geboren. Abends, wenn du nicht weißt, wo du bist, wenn du von der Arbeit heimkommst und dir die Augen zufallen, wenn alle schnell noch etwas zu essen einkaufen, da bin ich geboren, wenn die Leute nicht ins Bett gehen wollen, weil sie glauben, sie erleben noch was Schönes, und das kommt dann nicht. Genau da.

TRAINER Ich bin gar nicht geboren, das heißt, ich weiß nicht, wann das war, und deshalb ist es gerade so, als wäre ich nicht geboren. Und dort, wo ich geboren bin, das Land, mein ich, das heißt nicht mehr so.

MACA Ich wollte schöne Lackschuhe, die beim Gehen tak tak machen, aber sie haben mir Stiefeletten gekauft. Die waren zwar schön, aber mit Gummisohlen, darin läuft man wie auf Strümpfen, das gefiel mir nicht, ich wollte immer, dass alle mich sehen, dass sie mich zuerst hören und dann sehen.

Erinnerst du dich, wie ich zum ersten Mal mit ihm herkam, ich stand hier und guckte nur, wie er lief, man hörte immer tak tak, wenn er kam, er trug auch Stiefel, die zog ich ihm immer aus, manchmal gab er mir dabei absichtlich einen Tritt, und ich fiel hin, tollpatschig wie ich bin.

TRAINER Ja, ich erinnere mich. Dir war kalt damals.

MACA Hörst du mir zu ... hörst du mir überhaupt zu?

TRAINER Ja.

MACA Hörst du, was ich dir erzähle?

TRAINER Natürlich.

MACA Ich kann nicht schlafen, ich spüre, es passiert was.
Sie gibt ihm einen Tritt.

TRAINER Trink aus.

MACA Ich hab geträumt, ich hing an einem Ballon und flog über unser Sommerlager und dort unten war ich ein Kind und lernte, wie man ins Wasser springt, ein Lehrer brachte es mir gerade bei ...

TRAINER Ist er tot?

MACA Ich weiß nicht.

TRAINER Der ist garantiert tot, wenn du so von ihm träumst ...

MACA Unterbrich mich nicht.

TRAINER War er schön?

MACA Der Lehrer sah gut aus, ich fand ihn schön.

TRAINER Nicht er, sondern dein Traum.

MACA Der war nicht schön, oder doch, doch, es war nur nicht schön, ihn zu träumen.

TRAINER Eigentlich hast du von mir geträumt, gibs zu ...

MACA Wozu sollte ich von dir träumen. Dich kenne ich doch in- und auswendig.

TRAINER Warum war es nicht schön zu fliegen?

MACA Ich hatte so einen Druck auf der Brust, mir wird immer schwer, wenn ich daran denke, wie ich klein war und wie mein Vater mich liebte und ich von nichts eine Ahnung hatte, dann wird mir immer schwer ...

TRAINER Konntest du einen Kopfsprung machen?

MACA Darin war ich die Beste, ich sprang immer als Erste, um es den anderen zu zeigen.

TRAINER Und konntest du einen Salto machen?

MACA Nein.

TRAINER Aber ich. Vom Felsen durch einen Gummireifen ins flache Wasser. Das war eine Touristenattraktion.

MACA Wir sind immer mit der Schule ans Meer gefahren.

TRAINER Sollten wir nicht was essen?

MACA Nein, dann kann ich mich nicht besaufen ...

TRAINER Doch.

MACA Aber nicht so schnell, ich will, dass es schnell geht.

TRAINER Warum denn schnell, meine Schöne, es geht auch gemütlich.

MACA Weil Wind weht.

TRAINER Maca, willst du mich ein bisschen küssen?

MACA Heute kann ich nicht, wirklich nicht.

TRAINER Aber wenn ich in den nächsten Stunden ungeküsst sterbe, wirst du dir das nie verzeihen.

MACA In so einer Nacht könnte ich sterben. Es gibt nichts zu tun, hier drinnen stinkt es, draußen ist es widerlich, du bist widerlich und der Mond ist aufgedunsen, als wolle er mich verschlingen, man sieht jeden Pickel in meinem Gesicht ...

TRAINER Maca ...

MACA Was ist?

TRAINER Da kommt jemand.

MACA Ich hab keine Lust zu arbeiten ... mir ist verdammt kalt.

TRAINER Brauchst du auch nicht.

MACA Sei still.

Srećko kommt. Bleibt an der Tür stehen und schaut die beiden an. Er geht etwas gebückt, sein Alter ist schwer zu schätzen, er trägt seine Sachen in einem Bündel, aber man sieht, dass er kein Bettler ist. Srećko achtet einfach nicht auf sein Äußeres. Er hat langes schütteres Haar und trägt einen Vollbart. Immer wieder sieht er zu Boden.

SREĆKO Guten Abend, Leute.

TRAINER Zieh weiter, wir haben zu.

SREĆKO Es brennt doch Licht.

TRAINER Nicht für dich.

SREĆKO Ich will mich nur kurz hinsetzen.

TRAINER Komm ans Licht, damit ich dich sehe.

SREĆKO Ich muss mich zuerst daran gewöhnen.

TRAINER Setz dich doch in den Schuppen, ich bring dir eine Decke, hier nicht.

MACA Lass ihn.

TRAINER Der kommt aus dem Kloster. Die kann ich nicht ausstehen. Ich weiß nicht, warum, aber ich kann es einfach nicht. Ich mag diese Popen, diese Kakerlaken nicht, auch solche Unglücksraben wie den kann ich nicht ausstehen.

MACA Du bist schlecht erzogen, das merkt man sofort.

TRAINER Dafür habe ich dich, dass du mir sagst, was sich gehört.

MACA Heute Abend gibt es keinen Fick, da kannst du dich in den Hintern beißen.

TRAINER Das wird dir noch leidtun, wenn ich sterbe.

SREĆKO Ich habe Geld – sogar für Musik.

MACA Du hast Geld für Musik?

SREĆKO Und auch für die Sängerin.

MACA Auch für die Sängerin.

Sie zieht den Morgenmantel aus, darunter trägt sie einen Minirock, Strapse und eine Korsage.

MACA Setz dich hier, mein Schöner, an den großen Tisch.

SONG – SÄNGERIN

MACA *Singt.*

Willkommen liebe Gäste

Wir haben ein Programm für Sie

Wie schon so oft

Wir haben ein Programm für Sie

Ich bin eine Kneipensängerin

Mit einer durchschnittlichen Stimme

Und mit genauso einer Figur

Mag ein Typ Hintern wackele ich damit vor seinem Teller

Mag ein Typ Titten lasse ich sie tanzen vor seinem Teller

Mag einer Huren schaue ich ihn so an

Mag einer Gefühl schaue ich ihn so an

Jedem gebe ich zu verstehen dass er ein Mann ist

Bei jedem finde ich einen Dreh
Jedem sage ich nimms oder geh
Ich bin eine Kneipensängerin
Du kannst von mir denken was du willst
Drehst du dich um spucke ich dir ins Glas
Oder trinke es aus
Deine Augen werde ich austrinken
Dein Hirn werde ich aussaugen
Dein Vermögen versaufen
Auf deinem Grab tanzen
Tanzen mit einem Bein
Sogar im Grab wirds dir heiß

TRAINER Komm ans Licht.

SREĆKO Ich bins.

MACA Du Schuft, du bigottes Stück Scheiße.

Maca geht in die Hocke, wippt, schaut ihn an.

Srećko lacht.

Ist er verrückt?

Der Trainer packt ihn und lässt ihn wieder los.

SREĆKO Ich bin nicht verrückt, Bruder. Schlag mich, schlag mich nur, ich will, dass du mich schlägst, ich habs verdient. Hier ist das Geld, hier ist alles, was ich dir genommen habe. Jetzt bin ich ein anderer Mensch, jetzt bin ich leer wie ein Engel Gottes, ich arbeite von morgens bis abends, arbeite und arbeite, ich bin zu leer, um nachdenken zu können, ich arbeite nur.

MACA Sieh mich an.

SREĆKO Schlag mich oder küss mich, egal, jetzt bin ich da, ich hab dir alles mitgebracht, lass uns essen und trinken.

MACA Willst du das ganze Programm?

SREĆKO Muss nicht sein.

MACA Sieh mich an.

TRAINER Warum siehst du sie nicht an?

SREĆKO Mach ich doch. Zieh dich an, Frau.

MACA Nein, der Chef hat mir verboten, Gäste angezogen zu empfangen.

SREĆKO Ich bin nicht dein Gast.

MACA Was denn sonst?

SREĆKO Lass mich in Ruhe. Ich kenne dich nicht ...

Der Trainer packt ihn und dreht ihn zu Maca hin.

TRAINER Sieh sie dir an, du Kirchenmaus, schau, wie sie da rasiert ist, wie schön sie ist, schau nur, warum siehst du immer zum Boden. Der schwitzt ja am Kopf.

MACA Schlag ihn nicht.

TRAINER Soll er mich doch schlagen.

SREĆKO Was lachst du, du Unglückselige?

MACA Zuerst nennst du mich Frau, dann Unglückselige, du weißt wohl nicht mehr, wie ich heiße. Du hast es vergessen.

TRAINER Meine Hand ist ganz klebrig von seinem Schweiß.

SREĆKO Sie ist das Böse, das reine Böse, das war sie schon damals, als sie auf den Zaun kletterte, um Pflaumen zu klauen, schon damals war sie böse.

MACA Und du hast mich mitgenommen, weil ich böse war. Das sagt man doch im Kloster, oder?

Maca tritt an Srećko heran, will ihn am Arm packen.

SREĆKO Rühr mich nicht an!

MACA Guck mal, er hat einen Steifen, den wird ihm der Pope abschneiden müssen.

TRAINER Den schneide ich ihm ab.

MACA Schneide ihn lieber dem Chef ab. Guck, was aus ihm geworden ist. Ich war bereit, mit ihm bis ans Ende der Welt zu gehen, und schau ihn jetzt an, selbst seine Augen sind tot. Sieh mich an, mein Sonnenschein, sieh mich an. Was stehst du da herum und glotzt so grimmig ... Du bist auch nicht gerade der Mutigste. Du schweigst ... schweig lieber ...

SREĆKO Ihr habt getrunken, Gott wird euch verzeihen.

TRAINER Mir auch?

SREĆKO Du leidest.

MACA Und mir, und mir?

SREĆKO Auch dir, denn du bist schwach und hast von nichts eine Ahnung.

MACA Es war genau so eine Nacht wie diese, als es mit uns beiden anfing, ich war sechzehn, den Trainer lernten wir bei einer Schlägerei kennen ...

TRAINER Das war eine wüste Schlägerei.

MACA Aber du hast nie gewagt, dem Chef eins aufs Maul zu geben.

TRAINER Er hat mir Arbeit verschafft, als der Klub dichtmachte. Er hat mich aus der Kotze geholt, mich gewaschen und mir Arbeit gegeben ...

MACA Du hättest es auch ohne ihn geschafft. Du hättest Kinder trainieren können, das hättest du tun können, aber du bist eine Memme geworden und nur noch scharf auf einen guten Tropfen, sonst nichts.

TRAINER Keinen Tropfen, ich brauch was ganz anderes.

MACA Keine Chance heute Nacht, keine Zärtlichkeiten an diesem Schalter.

TRAINER Maca, gestern habe ich auf der Wiese ein Loch gesehen und dort unten eine alte Stadt, wenn jemand graben würde, könnte er vielleicht was finden ... Ich hab Säulen gesehen und darauf lachende Engel ...

MACA Denen Milch vom Kinn getropft ist.

SREĆKO Alles ist wie früher, nur die Bäume sind verdorrt, und es gibt keinen Zaun mehr, keine Häuser rundherum, nichts, dabei dachte ich, alle werden mich empfangen, die Kinder und die Frauen und die Alten, mir Brot geben, obwohl es mir nicht ums Brot geht, ich dachte, wir werden uns zusammensetzen, wo sind jetzt alle, die da sind alt, mein Gott, bin ich auch so alt, erst jetzt fange ich an zu leben und mich zu freuen, bin ich wirklich so alt, jetzt wo ich Augen habe zu sehen ...

TRAINER Was bist du so kribbelig ... Hier kannst du nicht pissen. Geh raus, im Klo gibt es kein Wasser.

SREĆKO Ich seh schon, ihr seid besoffen. Ich geh jetzt raus, ein bisschen frische Luft schnappen, und dann erzähle euch was, ich hab ja nur euch. Ich erzähle euch genau, wie es war und ich helfe euch – nicht weil ich besser bin als ihr, sondern weil ich euch liebe.

Srećko ab. Maca und der Trainer kugeln sich vor Lachen.

MACA Was hast du auf der Wiese gesucht?

TRAINER Ich hab trainiert, bald regnet es.

MACA Ja, bald. Wollen wir eine neue Flasche aufmachen, die dritte, nur für Sie und Ihre Familie, auf die glückliche Geburt, den ersten Schultag, die Einberufung zur Armee, auf den Mond, auf die Menschen auf dem Mond. Die Menschen auf dem Mond gehen mir eigentlich am Arsch vorbei. Ist das o. k., dass mir die Menschen auf dem Mond scheißegal sind?

TRAINER Das ist o. k.

MACA Machen wir sie jetzt auf, das ist doch nicht zu viel.

TRAINER Nein.

MACA Der knöpft mir Geld ab für die Getränke. Alles was ich einnehme, knöpft er mir für Getränke ab. Dabei taugen die nicht mal was. Das hier ist gut ...

TRAINER Das brauchst du nicht zu bezahlen.

MACA Mir wird so schwer ... So schwer ... Ein bisschen ist mir zum Lachen zumute, ein bisschen zum Weinen und ein bisschen zum Pinkeln. Aber vielleicht träume ich.

Der Trainer reicht ihr eine Schüssel.

TRAINER Machs hier, damit du dich nicht erkältest.

Maca pinkelt hinein, droht jeden Moment zu fallen, aber der Trainer hält sie fest. Er schüttet den Inhalt der Schüssel in einen Blumenkübel, in dem ein Baum voller Luftballons steht. Maca zündet sich eine Zigarette an und bringt mit der Glut einen Ballon zum Platzen.

MACA Das sah scheiße aus, so ist es schöner ...

Maca bringt mit ihrer Zigarette alle Ballons zum Platzen. Der Wirt kommt. Verschwitzt und nervös.

WIRT Sieh mal einer an, wie romantisch! Ich gebe euch Arbeit und ihr tanzt auf dem Tisch. Kaum sind sie satt, schlagen sie über die Stränge, so ist das eben …

TRAINER Chef, machen wir das Lokal doch zu. Es kommt keiner. Lass uns mal richtig ausruhen. Ich hab genug zu tun, muss nicht hier herumsitzen.

WIRT Was hast du schon zu tun. Gib her, was in der Kasse ist.

TRAINER Du gehst auf Reisen, Chef.

WIRT Ich geh zum Teufel, ich geh ein bisschen schwimmen, ich geh, damit ich hier verschwinde, da gehe ich hin, niemand versteht mich außer dir, verstehst du mich?

MACA Ja, mein Lieber, ich verstehe dich.

WIRT Komm, seien wir ein bisschen lieb zueinander, bevor ich verschwinde, sei lieb zu mir.

MACA Sehr gern.

WIRT Ich bin dir dankbar …

MACA Schon gut, aber wofür …

WIRT Weil ich viel von dir gelernt habe und jetzt jemanden habe, dem ich es zeigen kann. Früher hatte ich keine Ahnung.

MACA Aber das ist doch nichts Besonderes, Chef.

WIRT Ja, aber ich habe jetzt eine Freundin, und mit ihr klappt es bestens.

MACA Gratuliere.

WIRT Meine Alte hat mir oft die größten Gemeinheiten an den Kopf geworfen, vor den Kindern, ich schluckte es und bat, bitte nicht vor den Kindern, aber es half nichts, sie quasselte und quasselte, behauptete, dass die Kinder nicht von mir sind, dass sie mich hassen, dass der, der studiert … der hat einen neuen Wagen gekriegt, ich fahre meinen alten seit fünfzehn Jahren, den hab ich gekauft, als wir zum ersten Mal mit ihm ans Meer fuhren, damals war er klein, der Älteste, dieser Mistkerl, jetzt fährt er ein neues Auto … Am Ende sagte ich, na gut, ich gehe, dann könnt ihr sehen, wo ihr bleibt …

MACA Wo willst du jetzt hin, Chef?

WIRT Ich mach eine kleine Reise, mit meiner Freundin, damit sie auch etwas von der Welt sieht.

MACA Und was wird aus uns, Chef?

WIRT Um euch mach ich mir keine Sorgen …

TRAINER Wie soll es hier weitergehen?

WIRT Ich komme zurück, dann machen wir hier eine Gartenwirtschaft auf, gestalten das Lokal etwas eleganter, bauen einen tollen Swimmingpool und was sonst noch alles. Macht euch keine Gedanken. Glaubt mir. Hab ich je einen belogen? Doch, ein paar schon, aber euch nicht. Du, kleine Maca, darfst ausruhen, kriegst eine leichte Arbeit, kannst genießen, es wird nicht viel Stress geben … Alles wird o. k. …

MACA Wie heißt deine Freundin?

WIRT Das darf ich nicht verraten. Weißt du, wenn ich es dir sage, haut sie vielleicht ab. Ich bin ihr hier begegnet, hier im Wald. Ich weiß gar nicht, was sie früher getan hat, nur, sie ist keine … Ich darf sie nicht beim Namen nennen.

MACA Dann viel Spaß, Chef. Fährst du ans Meer? Glaub mir, überall ist es am schönsten …

WIRT Genau da will ich hin. Ihr könnt alle Flaschen leer machen, die spendiere ich euch, die spendiere ich einfach so, das reicht für ein paar Tage. Nur das Fleisch wird vergammeln, egal, schmeißt es in den Fluss, das ist kein gutes Fleisch, es ist von kranken Pferden, ihr habt doch hoffentlich nicht davon gegessen?

MACA Nein.

TRAINER Ein krankes Pferd, wie eklig.

Geh zum Hotel Die Palme, es ist das erste Hotel am Platz, bestell dir Kuchen und einen starken Kaffee, das hab ich immer gemacht, als meine Mutter dort Putzfrau war, tu das für mich, wenn du am Meer bist ...

MACA Und ich möchte, dass du deine Kleine beim Sonnenuntergang zum Eis auf einem Platz einlädst, dazu soll sie Holzpantinen mit hohen Absätzen anziehen, das nasse Haar seitlich binden und dann beim Eis die glühende Sonne betrachten, wie sie hinter den Felsen versinkt, während eine alte Frau aus dem Fenster schaut ... Ich war nie am Meer, aber ich kann es mir vorstellen, ich kann mir alles vorstellen, was du willst, du brauchst mir nur was zu trinken zu geben.

SONG – DAS LEBEN IST KEINE SAHNETORTE

WIRT *Singt.*

Das Leben ist keine Sahnetorte

Sage ich ihnen jeden Tag

Das Leben ist kein Weißbrot

Mit Kajmak drauf und Schlag

Das Leben heißt nicht bis Mittag schlafen
Das Leben ist kein nackter Nabel
Wenn schon Kinder auf dich scheißen,
Bist du durch und durch beschissen
Und haue ich jetzt ab ...
Gibts keine Moneten
Und weil sie auf mich spuckten
Sollen sie sich jetzt abrackern
Wie ich rennen und schuften
Sogar Scheiße hüten
Solls ihnen gehen wir mir
Das Leben ist keine Sahnetorte
Wirt ab.

TRAINER Du bist mal mit Srećko ans Meer gefahren.

MACA Ja, öfter, aber wir sind nie hingekommen.

TRAINER Das wird noch.

MACA Warum haben wir bloß so viel Angst vor ihm?
    Gibt es überhaupt jemand, vor dem wir keine Angst haben?

TRAINER Das stimmt nicht ganz.

MACA Ein toller Liebhaber ist er nicht gerade, der Wirt ...

TRAINER Könntest du, Maca, könntest du mich wenigstens
    ein bisschen ... könntest du mich lieben, Maca ...

SONG – DIE SONNE HAB ICH NICHT SO LIEB

TRAINER *Singt.*
    Hier habe ich schon lange rumgehangen
    Auch die kleinsten Pfade bin ich gegangen

Die Vögel den Bach erkenn ich auf Anhieb
Auch die Sonne die den Schnee zum Schmelzen bringt
Blühende Blumen und jeden Trieb
Die Sonne hab ich nicht so lieb

Ich hatte Geld, oh ja
Hatte eine harte Faust, oh ja
Hatte Haare, oh ja
Hatte einen Ring, oh ja

Das Geld ist dahin
Nun schlage ich mit dem Kopf
Das Haar ist mir ausgefallen
Der Ring liegt jetzt im Fluss

Die Vögel den Bach erkenn ich auf Anhieb
Auch die Sonne die den Schnee zum Schmelzen bringt
Blühende Blumen und jeden Trieb
Die Sonne hab ich nicht so lieb

Die Nacht

Srećko zurück.

SREĆKO Da sind Leute gekommen.

TRAINER Wer?

SREĆKO Ein Mann in einem Kombi, und ich glaube noch
einer, und drinnen lachen und kreischen sie, eine ist aus-
gestiegen ...

MACA Woher weißt du, dass es eine war?

SREĆKO Sie hat sich, Gott verzeih mir, hingehockt.

MACA Hingehockt, und der Strahl hat gedampft.

SREĆKO Wo bringen sie diese Mädchen hin?

MACA Über die Grenze ...

*Ein kräftiger junger Mann, der wild um sich blickt, kommt
herein und schlägt krachend die Tür hinter sich zu. Er knetet seine Mütze mit den Händen. Redet laut.*

LOLE Ist das Fleisch frisch, Meister?

TRAINER Ja.

LOLE Geht es schnell?

TRAINER Ja.

LOLE Bring mir einen Schnaps, ich spendiere jedem einen,
gib die ganze Flasche her, ich muss ja nicht mehr fahren.

MACA Warum kommen die Mädchen nicht auch rein?

LOLE Bist du die Sängerin?

MACA Ja.

LOLE Los, sing mir was Schönes. Wo ist eure Band?

TRAINER Die sind nicht da, die Frau von dem einen bekommt ein Kind, die sind miteinander verwandt, und jetzt saufen sie alle.

LOLE Wie willst du denn allein singen ... Wie heißt du?

SREĆKO Sie heißt Sladjana. Sie hieß Sladjana. Ich hab geträumt, sie stirbt bei der Entbindung und aus ihr kommt ein großes Kind heraus mit bodenlangem Haar, und als es raus ist, spuckt es in die Hände und tötet ein Huhn, und das Huhn ist ganz weiß und hat weiße Augen.

MACA Du hast meinen Namen genannt ... Sieh mich an.

LOLE Ich scheiß auf eure muffige Kneipe, was seid ihr nur für Trauerklöße, ich komme mir vor wie auf einer Beerdigung.

MACA Wie alt sind diese Mädchen, die du fährst?

LOLE Wie du minus hundert ...

MACA Ich bin dreißig.

LOLE Siehst aber aus wie fünfzig.

MACA Und du siehst aus wie ein Pickel am Arsch.

SREĆKO Sie hat Kinder geboren, zwei.

TRAINER Drei.

LOLE Wo sind deine Kinder?

MACA Es sind nicht meine.

LOLE Ist auch besser so.

Alle schweigen. Lole trinkt.

Maca und Srećko schauen einander an. Srećko weint lautlos, man sieht nur die Tränen fließen.

TRAINER Draußen ist es wie Weltuntergang.

LOLE Genau.

TRAINER Der Himmel wird dunkel, die Lunge zieht sich zusammen.

LOLE Genau. Und ich bin müde, ich fahre und möchte schlafen, meine Seele schläft, ich betrachte die Bäume am Straßenrand und will anhalten, mich hinlegen, mir den Mantel unter den Kopf packen, das wäre schön.

MACA Warum tust du es nicht?

LOLE Das geht nicht.

SREĆKO Nein, das geht nicht ...

LOLE Dann denke ich daran, wie es war, als mein Alter den Lastwagen fuhr, da legte ich mich in einem Wirtshaus unter den Tisch und schlief wunderbar, ich schlafe immer wunderbar. Wenn ich mich hinlege, denke ich an nichts, ich versinke sofort in süße Träume.

TRAINER Wo willst du hin?

LOLE Wo es mir gefällt ... Was macht sie?

MACA Ich singe, wenn mir danach ist.

LOLE Los, sing doch was.

MACA Nein.

LOLE Sag dus ihr.

TRAINER Sie hat noch nie auf mich gehört. Das braucht sie auch nicht. Sie braucht mich auch nicht anzugucken. Mir gehts auch so gut.

LOLE Wo ist denn euer Chef.

TRAINER Der arbeitet für die Polizei, den holen wir jetzt lieber nicht.

LOLE Für die Polizei ...

MACA Du wirst ihm für deine Fracht da draußen ordentlich was blechen müssen.

Durch die Fenster des Kombis sieht man die Mädchen. Sie

kämmen einander. Es sind vier: Die Blonde, Die Schwarze,
Die Brünette und Das Kind.

DAS KIND Sieh mal dein Haar, wie tausend Glühwürm-
chen ...

DIE SCHWARZE Weil sie es nicht gewaschen hat.

DIE BRÜNETTE Wie geht es jetzt wohl meinen Kindern?

DIE SCHWARZE Wolltest du mitkommen?

DIE BRÜNETTE Ja.

DIE SCHWARZE Dann lass die Kinder Kinder sein ...

DAS KIND Ich möchte kein Kind kriegen, wie soll das hier
herauskommen, schau wie klein ich da bin, wie kann es
von da herauskommen?

DIE SCHWARZE Da kann alles Mögliche rein, und dreimal
so viel raus ...

DIE BLONDE Wo sind wir eigentlich?

DIE BRÜNETTE Hier ist der Weg ... gleich hinter diesem
Strauch dort, siehst du ihn, nein, den kann man bei dem
Morast gar nicht sehen. Aber wenn dieser Strauch blüht,
das sind solche Blüten, man meint, man könne sie essen,
die sehen aus wie die Blumen auf den Torten ...

DIE BLONDE Als Kind bekam ich nie die Blumen von der
Torte zu essen, immer nur mein kleiner Bruder ...

DIE BRÜNETTE Ich kann Blumen machen für auf die Torte,
die sehen aus ...

DIE BLONDE Der Kerl, den ich treffe, wenn wir jetzt ankom-
men, gab mir einmal solche Zuckerblumen zu essen, ich
konnte davon nehmen, so viel ich wollte, auch die Braut
und den Bräutigam, und ich aß und aß, bis mir übel wurde ...

Milena Marković

DIE SCHWARZE Ich hatte so was auf der Torte drauf, als ich heiratete. Ich wollte das nicht essen, es ist bei meiner Schwägerin, dem Miststück, gelandet, da gehen jetzt die Fliegen dran.

DIE BRÜNETTE Der Strauch dort hat solche Blüten, als hätte sie jemand gemalt, wie ein Kleidchen, von einer Farbe, ich weiß nicht, wie die Farbe heißt, aber als wären sie nicht von dieser Welt, als wären sie aus einem Bilderbuch.

DAS KIND Da sind junge Kätzchen, ich möchte eins mitnehmen ...

DIE BLONDE Ich habe einen Mordshunger.

DAS KIND Ich mag am liebsten Brot in Milch tunken.

SONG – ZUCKER FÜR DIE SEELE

ALLE MÄDCHEN *Singen.*

Brot und Milch Brot und Milch

Und ein wenig Zucker

Meine Seele sehnt sich sehr

Nach ein wenig Zucker

DAS KIND

Mein Liebling meine Sonne

Dein Wagen ist ne Wonne

Verunglückt liegst du am Wegesrand

Die Familie ist außer Rand und Band

Ich bin nicht Schuld ich bin nicht Schuld

Neue Wäsche hat mich gereizt

Fünfzehn Jährchen bin ich alt
Hab die Beine immer gespreizt

Die Mädchen tragen ein großes Denkmal eines jungen
Mannes, der einen Basketball in den Händen hält.

DIE BRÜNETTE
Um mein Haus ist eine Mauer
Oben voller Glassplitter
Das tat mir mein Stiefvater
Den ich meide wies Gewitter

Spring nicht rüber in den Hof
Dort ist ein scharfer Hund
Der beißt dich doch ganz wund
Ein Hund und noch ein Hund

DIE BLONDE
Woher ich komme 's ist egal
Und was ich bin allemal
Ich tanze um die Stange
Betatsch mich bitte lang

Was früher war 's ist egal
Und was danach allemal
Ich tanze um die Stange
Betatsch mich bitte lang

DIE SCHWARZE

Ich kann keine Kinder kriegen
Und trotzdem das Leben lieben
Wer keine Kinder kriegen kann
Bekommt nichts zu kauen
Und so sagten sie eines Tages
Ich solle schnell abhauen

DIE BRÜNETTE

Der Stiefvater grausam es tut weh
Ich beiße in das Kissen
Aber mein Mann mein Gebieter
Wollt mich nicht mehr missen
Nur im Haus um das Haus
Weiter durft ich mich nicht wagen
Meine Kinder schöne Jungs
Stellten vor Angst keine Fragen
Übers Land flieht jetzt ihre Mama
Verlassen hat sie den Papa

ALLE MÄDCHEN

Brot und Milch Brot und Milch
Und ein wenig Zucker
Meine Seele sehnt sich sehr
Nach ein wenig Zucker

LOLE Die haben alle neue Trainingsanzüge gekriegt.
MACA Du hast rosa Strümpfe an.

LOLE Ja. Meine Tochter hat gewaschen, in der Maschine war ihre rote Bluse, jetzt ist die ganze Wäsche rosarot und ihre Bluse in Fetzen.

MACA Vielleicht hat ihr Freund sie zerrissen.

LOLE Ich zerreiße dir gleich die Fresse ...

MACA Ich geh raus an die Luft.

Maca raus.

LOLE Die redet nur dummes Zeug, singt nicht, sieht nicht einmal gut aus, was ist das für eine Scheißkneipe. Dabei hat sie eine prima Lage.

TRAINER Mit dem Bergwerk ist Schluss, mit der Fabrik ist Schluss, früher hab ich hier eine Fußballmannschaft trainiert ...

LOLE Jetzt wird hier viel geschoben, über die Grenze ...

TRAINER Es gibt ein oder zwei Dinge, die mich wurmen, weswegen ich manchmal die halbe Nacht wach liege, dann schaue ich in meinen Kopf, überlege, hätte ich das, hätte ich jenes, aber im Großen und Ganzen schlafe ich, im Großen und Ganzen ist das nichts Schlimmes. Ich habe ein paar Menschen im Stich gelassen, ich bin ein Feigling, meine Mutter habe ich enttäuscht, so ist das halt, nur betrogen habe ich nie, nie geklaut, auch bin ich nicht betrogen und beklaut worden. Aber im Großen und Ganzen kann ich schlafen. Dabei schlafen manche Leute, als wenn nichts wäre. Ich frage mich, ob sie träumen ... denn einen Traum kannst du nicht verscheuchen, er kommt und bohrt in dir ...

LOLE Ich verstehe nur die Hälfte.

TRAINER Du Glücklicher.

LOLE Komm, Alter, starr mich nicht so an, schenk mir lieber ein.

Maca zurück.

MACA Gerade hab ich ein Mädchen aus dem Kombi gesehen, jung, sie knutscht mit einem Kollegen, ich meine, mit deinem Kollegen, er küsst sie auf den Hals, sie redet eine Sprache, die ich nicht verstehe, eine ausgefallene Frisur hat sie, die Haare gefärbt, ich muss ihr sagen, sie soll sich die Haare nicht färben, die sind so schön, lang bis zum Arsch, die Kleine friert, sie hat nur eine kurze Jacke an, er hat ihr die Hand unter die Jacke geschoben, seine Hand ist wohl warm, oder er will sich vielleicht nur selbst wärmen ...

LOLE Du hast gesehen, was du sehen wolltest.

SREĆKO Nimm eine Wolldecke, Sladjana, du erkältest dich noch ...

MACA Zieh du dir eine Decke über den Kopf, du Scheißkerl, dann setze ich mich drauf und ersticke dich, ich bin nicht Sladjana, sondern Maca, und weißt du, warum Maca, weil ich kaum Haare habe, nur ein paar hier wie der Schnurrbart einer Katze, am Körper fast gar keine und ich hätte noch weniger, hätten meine Freundinnen und ich uns früher nicht rasiert, das fand ich spannend, und so rasierte ich mich immer unter der Achsel ...

LOLE Kannst du ein altes Lied singen? ...

MACA Seit wann duzen wir uns.

LOLE Hör mal, Kumpel, hat die schon mal eine richtige Tracht Prügel bekommen, so eine, die sie nie vergisst?

TRAINER Doch, schon öfter. Und zwar von dem, der dort sitzt, siehst du ihn ...

LOLE Ich sehe ihn. Von dieser Null? Erzähl keine Märchen.

TRAINER Ja, von dem. Übrigens, ich bin nicht dein Kumpel. Er ist viel älter als sie, und sie ist auch keine dreißig, sie ist jünger. Plus zehn ist sie nicht älter als fünfundzwanzig, er hat sie jeden Tag geschlagen. Jetzt stell ihn dir vor, gut genährt und aufrecht, er hat über hundert Kilo gewogen, schulterlanges Haar gehabt und gespielt hat er, er spielte dir alles, was du wolltest.

SREĆKO Sladjana, deck deine Beine zu.

TRAINER Und zugedröhnt hat er sich wie ein Ochse, meine Güte, er war imstande, in einer Stunde zwei Liter Fusel zu saufen, zehn volle Tabletts, wenn es nichts Besseres gab, aber wenn es an der Grenze guten Schnaps gab, brachte er ihn mit, schmiss alles auf den Tisch, rührte sich fünf Tage nicht vom Fleck, saß nur da mit benebeltem Kopf. Dann wurde er nervös, fing an sie zu prügeln, er schlug sie, wenn ihn ein Fingernagel störte, er schlug sie, wenn er auf einen Korken trat, er schlug und schlug sie, dieser Hurensohn ... Eines Tages kamen gefährliche Typen, um sie singen zu hören, gefährliche Typen ... Er trieb sein bekanntes Spiel, er behauptete, einer mache sie an, und brach so Streit vom Zaun, dass es dem Kerl unangenehm wurde, man gab ihm Geld und entschuldigte sich, mal spendierte man ihm Getränke, mal ein Abendessen, mal gab man ihm ein paar Kröten, und nachher wurde es peinlich. Gefährliche Typen waren das.

SREĆKO Sladjana, bring mir was zu essen ... aber kein Fleisch ...

MACA Ich kann nicht einfach so mit Gästen reden. Ich gehe, mit wem ich will und wann ich will, aber ich kann nicht einfach so quatschen, ich hab mit dem Essen nichts zu tun, er ist dafür zuständig, frag ihn.

TRAINER Das waren gefährliche Typen. Mir hielten sie eine Pistole an die Schläfe, ihn haben sie fertiggemacht, zusammengeschlagen, und sie haben sie alle nacheinander ...

LOLE So ist es halt bei so einem Job.

TRAINER Das war früher, als sie noch nicht hier gearbeitet hat. Früher, als es hier Leute gab, als alles proppenvoll war, als alles brummte ...

MACA Wohin wollen diese Mädchen?

LOLE Ich fahre sie und frage nicht. Was willst du von mir.

MACA Zwei Kinder und ein Häuschen ...

LOLE Zwei Kinder habe ich. Ein Haus auch.

MACA Das reicht mir.

LOLE Ich komme wieder, wenn du in Stimmung bist, jetzt will ich dich nicht drängen.

MACA Hast du das gehört, Srećko.

SREĆKO Also, wenn du dich ein wenig bedecken würdest, würde ich dich wiedererkennen und dir erzählen, was ich alles getan habe, und dir wäre es dann leichter, aber so denke ich ständig, dir ist zu kalt, und dann kann ich nicht mit dir reden. Ich weiß nicht, ob du alle diese Jahre an mich gedacht hast und was du von mir gedacht hast ... du kannst mir sagen, was du von mir gedacht hast, und ich werde dir sagen, was ich von dir gedacht habe und was ich getan habe und was für ein Mensch ich jetzt bin.

MACA Ja, und jetzt hör mir mal zu, der da hat ein Auge auf mich geworfen, irgendwann werde ich mit ihm gehen, um zu sehen, wie das ist. Ich mag, wenn einer mich will, ich mag, wenn er weiß, dass ich ihn will, dass es für mich nichts anderes gibt, ich mag, wenn er hier sitzt und mich anschaut, irgendwann werde ich mit ihm gehen, wenn er mich holen kommt ...

LOLE Du kannst mitkommen, wenn du richtig anpacken kannst ...

MACA Hast du eine Scheune.

LOLE Eine kleine.

MACA Da drin kann ich mich verkriechen. Ich kann stundenlang den Ameisen zugucken. Ich kann darüber nachdenken, was noch alles kommt.

TRAINER Im Dorf gefällt es mir nicht. Da hast du ein Haus und musst dich darum kümmern, und dann geht etwas schief und es kann dir passieren, dass du dort stirbst, du gehst also hin und stirbst und der Himmel hängt tief und es stinkt nach Erde.

MACA Die Erde stinkt oben, drinnen stinkt sie nicht, tief drinnen nicht.

TRAINER Meine schöne kleine Maca ...

MACA Verpiss dich.

SREĆKO Es ist schön, wenn die Erde Früchte trägt, so schön. Du berührst sie, wenn sie noch nicht reif zum Essen sind, und sie lieben dich, lachen dich an, warten auf dich und die Deinigen, gütig und bereit, all diese Münder satt zu machen.

TRAINER Ich sagte ihnen, los, schießt hierhin ...

Er entblößt seine Brust, auf der ein Tormann dargestellt ist, der nach dem Ball springt.

MACA Geflennt hast du wie eine Memme ...

TRAINER Auch jetzt flenne ich und ich werde mein Lebtag flennen ...

SREĆKO Du hast meinen Namen genannt, aber jetzt heiße ich anders.

LOLE So, Leute, lasst mich jetzt ein bisschen verschnaufen, gleich kommen die Typen, die sie rüberbringen sollen, dann kann ich endlich nach Hause ...

MACA Wohin werden sie gebracht?

LOLE Frag lieber, wo ich dich hinbringe ...

SREĆKO Wie ging dieses Spiel, das du mir damals auf der Parkbank beigebracht hast? Schere, Stein ...

MACA Schere, Stein, Papier ...

SREĆKO Sladjana, mein Schatz, ich konnte nichts dafür ...

LOLE Ich höre sie schon kommen, los, zieh dich um, dort sind meine Töchter. Morgen früh kannst du zu Fuß zurück. Auch ein Frühstück kriegst du, wenn du es dir selber machst ...

Die Mädchen rauchen hinter den Fenstern des Kombis.

DAS KIND Da heult jemand.

DIE SCHWARZE Da jault ein Hund.

DIE BRÜNETTE Da singen Seelen.

DIE BLONDE   Hier war mal ein Friedhof.

DAS KIND   Hauen wir lieber ab.

DIE BLONDE   Jetzt können wir nirgendwohin abhauen.

DAS KIND   Wie wird es uns dort gehen.

DIE BLONDE   Wunderbar.

DAS KIND   Aber da, wo ein Friedhof war, darf nicht gebaut
werden, sagt man.

DIE BLONDE   Stimmt.

DAS KIND   Los, gehen wir.

DIE BLONDE   Uns kann es egal sein, wir sind nur auf der
Durchreise, die hier, die werden ihr blaues Wunder erleben.

DAS KIND   Bist du sicher?

DIE BLONDE   Natürlich.

DAS KIND   Wieso?

DIE BLONDE   Siehst du das Licht dort im Wald?

DAS KIND   Es leuchtet.

DIE BLONDE   Der Wald leuchtet, das sind die Seelen.

DIE SCHWARZE   Hier wurden irgendwelche Mädchen erschossen.

DIE BLONDE   Nein, hier ist ein Mann zu Tode gestürzt ...

DIE SCHWARZE   Erschossen wurden sie, aber vorher muss-
ten sie beten. Das Vaterunser aufsagen, eine konnte es, die
andere nicht, und die, die es konnte, bekam Angst und
sagte es nicht bis zum Ende auf, das war vor langer Zeit,
als meine Mutter geboren wurde, sie hat mir das erzählt ...

DIE BLONDE   Das war ganz anders, da hat ein Mann Feen
gesehen und ist danach gestorben.

DIE SCHWARZE Von wegen Fee, du bist ja nicht mal eine echte Blondine.

DIE BRÜNETTE

    Fee schöne Fee

    Oben hast du Haare

    Unten hast du Hufe

    Oben für den Ring

    Unten für die Suppe

    Fee schöne Fee

    Flüchte aus der Suppe

    Spring Fee spring

    Meine schöne Schwester.

TRAINER Es hat geregnet, ein feiner, duftender Niesel.

MACA Jetzt ist alles leichter.

TRAINER Bis zum Hals werden wir in Schlamm versinken.

MACA Morgen trägst du mich zum Schuppen.

TRAINER Willst du doch nicht ins Dorf?

MACA Nein.

TRAINER Ich auch nicht.

MACA Morgen ist Wochenende, da kommen Lastwagen vorbei.

TRAINER Ja.

LOLE Hast du jetzt Lust?

MACA Wozu?

Lole holt Geld aus der Tasche.

LOLE Mir etwas zu singen.

SONG – KLEINES HAUS

MACA *Singt.*

Im kleinen Haus im Schlamm versunken
Liebten wir uns du und ich
Am Fenster der Flaschen Pracht
Du prügeltest mich die ganze Nacht

Aber am Morgen aber am Morgen
Vertrieb die Sonne unsere Sorgen
Du nahmst mich zärtlich an der Hand
Es wurde warm in diesem Land

Ich friere nicht ich friere nicht
In deinen Augen funkelt Licht
Bring mich raus aus dieser Zelle
Ertränk mich in der Wasserquelle

MACA Srećko, sag mir jetzt, soll ich mit ihm gehen?

SREĆKO Wie ruhig draußen alles geworden ist, wir könnten alle zusammen einen Spaziergang machen, früher hörte man immer tup-tup, als das Bergwerk noch arbeitete, man hörte alles, ich höre noch, wie sich die Räder drehten, immer schneller und schneller ...

LOLE Kein Wunder, dass du so aussiehst, wenn du mit dem Typen zusammen warst.

SREĆKO Sladjana, wie hast du diesen Hund genannt, der hinkte?

MACA Stinki, der ist überfahren worden, einmal hast du

mich gezwungen, in seiner Hütte zu übernachten, und Stinki hast du zu dir ins Bett genommen.

LOLE Los, zieh dich um.

TRAINER Warte du lieber draußen auf deine Leute ...

LOLE Sie soll sich beeilen.

TRAINER Sie legt sich jetzt schlafen.

SREĆKO Sladjana, wir wollen nicht schlafen, lass uns reden bis Morgen früh ...

MACA Wo sind deine Haare geblieben, Srećko, wo der Ring, wo das Hemd, du siehst mich nicht an, mein Sonnenschein. Sag mir, was ich tun soll, soll ich mit dir gehen, ich will mit dir gehen, ich muss mir nur schnell das Gesicht waschen.

SREĆKO Ich weiß nicht, alles ist so schnell vergangen. Der Ring ist noch das Geringste.

MACA Ja, so schnell ...

LOLE Da, Maca, siehst du, was ich alles für dich habe, ich stehe auf etwas ältere Frauen, ständig fahre ich so junges Gemüse durch die Gegend, die reizen mich nicht, ich mag, wenn Frauen scharf sind auf Männer, und das bist du, verdammt noch mal, schau, was ich für dich habe ...

Der Trainer schlägt mit der Ziehharmonika auf Lole ein, er schlägt und schlägt ...

TRAINER Er denkt, ich bin irgendein Dahergelaufener. Ich hatte eine Mannschaft. Zwei meiner Jungs kamen bis in die zweite Liga. Zwei Jungs. Bildschöne Kerle. Einer lebt jetzt irgendwo im Ausland, der zweite ist zurückgekommen, Verletzung, hat ein Geschäft eröffnet. Geht ihnen blendend, tolle Jungs. Ich gab ihnen zu essen, ich brachte ihnen vieles bei, ich besuchte sie zu Hause, wenn es ein Problem gab. Noch heute kann ich mich aufs Fahrrad schwingen, und wenn ich Lust habe, fahre ich hundert Kilometer, setze mich irgendwo hin, trinke ein Mineralwasser, sehe mich ein bisschen um und radle zurück. Ich kann alles, was ich will. Er weiß nichts von mir, sieht mich an und sagt sich, der ist ein Niemand, wer bist du denn, dass du von mir sagen kannst, ich sei ein Niemand, wer bist du, dass du die kleine Maca anrührst? Die kleine Maca ist eine Königin. Die haben ja keine Ahnung.

SREĆKO Du bist ein Mensch, und der war auch ein Mensch.

MACA Man hört etwas, die Mädchen sind fröhlich, sie singen. Die Worte verstehe ich nicht, aber sie singen schön, es muss was Schönes sein.

TRAINER Ich achte nie auf den Text.

SREĆKO Du bist ein Gefühlsmensch.

Die Mädchen lachen.

SONG – MÜTTERCHEN

DIE MÄDCHEN *Singen.*

Fluss du mein Flüsschen

Nimm mich mein Mütterchen

Fluss du mein Flüsschen

Am Abend rosarot

Am Morgen voller Gold

Am Mittag gefährlich

Fluss du mein Flüsschen

Nimm mich mein Mütterchen
Bring mich zu den großen Brücken
Zu den großen Städten
Zu glücklichen Völkern
Fluss du mein Flüsschen
Nimm mich mein Mütterchen
Fluss du mein Flüsschen
Bring mich mein Mütterchen
Zu den großen Brücken
Zu den bösen Schiffen
Auf denen Fahnen wehen
Übersät mit Blumen

MACA Die sind fröhlich, wie viele sind in dem Wagen?

SREĆKO Ich kann nicht genau sehen, wie viele es sind.

TRAINER Sie sollten reinkommen ...

MACA Sie sollten reinkommen ...

SREĆKO Alle sollten sie reinkommen ...

MACA Die Ziehharmonika ist kaputt. Wie sollen wir weiter arbeiten?

TRAINER Wir tun gar nichts, wir setzen uns in den Schuppen, dort haben wir Ruhe, da gibt es auch was zu essen und zu trinken, ein hart gekochtes Ei und ab und zu ein bisschen Zärtlichkeit, mehr brauche ich nicht ...

SREĆKO Ich will jetzt beten.

TRAINER Aber nicht im Schlamm, dreckig lasse ich dich nicht in den Schuppen.

MACA Den da sollten wir in das Loch werfen.

TRAINER Dort unten ist ja der Friedhof.

MACA Ist bei dem Schuppen auch ein Friedhof?

TRAINER Nein.

MACA Was gibt es bei dem Schuppen?

TRAINER Bei dem Schuppen tanzen deine Puppen.

Sie lachen.

Maca reitet auf dem Trainer, sie galoppieren davon. Srećko betet.

SRIĆKO Ich habe eine Familie. Das sind alles gute Menschen.

Der Morgen

BAULEITER Schau mal, die Landschaft wunderschön und die Leute so widerlich ...

ARBEITER Sollen wir alles abreißen?

BAULEITER Alles.

Maca stellt sich vor sie.

MACA Das kommt nicht infrage.

BAULEITER Langsam, meine Süße, den Wirt hat man eingelocht, such dir ein anderes Lokal, das hier wird abgerissen.

Srećko kommt angelaufen.

SREĆKO Da unten ist ein Friedhof.

BAULEITER Der ist aber nicht eingetragen.

SREĆKO Das ist nicht in Ordnung, liebe Brüder, nicht in Ordnung.

MACA Was soll das hier werden?

BAULEITER Ein Hotel mit Swimmingpool und Liegestühlen, mit einer schönen Aussicht, der Wald wird abgeholzt, damit man den Fluss sieht ...

MACA Den Wald dürft ihr nicht anrühren.

SONG – SCHLAMM

BAULEITER *Singt.*

Auf den Wegen überall Schlamm

Die Gläser alle schmutzig

Mein Magen ist ein Eimer

Meine Frau ganz sauer

Weil ich draußen arbeite
Ich schaffe ein neues Land
Das wird ein Hotel
Da wird es feine goldene Leute geben
Und verschiedene Sprachen werden sich
Mit dem Vogelgezwitscher vermischen
Und ich werde im Garten im Schatten sitzen
Und alle werden mir die Hand reichen
Und lächeln wenn sie mich erkennen
Ich werde jemand sein
Und mein Hotel wird etwas sein
Und meine Frau wird nicht mehr böse
Und mein Magen wird mich nicht mehr quälen
Wenn nur dieser Wind aufhörte
Und diese Leute verschwänden

Trainer kreist mit dem Fahrrad um sie herum. Am Fahrrad ist ein Korb befestigt, darin viele Brote.

TRAINER Guck, Maca, der Strauch ist erblüht.

MACA Da stellen wir einen Liegestuhl hin.

TRAINER Ja.

SREĆKO Hier entsteht was, wo ihr nicht rein dürft.

BAULEITER Haut jetzt ab, wir müssen arbeiten.

Die Bauarbeiter schieben Maca und den Trainer beiseite, Srećko wehrt sich.

SREĆKO Sladjana, ich hatte dir eine Rutschbahn versprochen.

MACA Ja, eine Rutschbahn und warmes Wasser.

SREĆKO Du erinnerst dich?

MACA Natürlich, mein Sonnenschein.

TRAINER Und was ist mit dem Sprungbrett?

SREĆKO Auch das gibt es.

BAULEITER Die Provinz ist was Verrücktes. So was mach
ich nie wieder.

Srećko springt ihn an und würgt ihn.

SREĆKO Zähl bis hundert und zurück, wenn es dir gelingt,
die Luft anzuhalten, bist du mein Mann, dann spendier
ich dir was, wenn nicht, dann jagen dich meine Leute zum
Teufel, zähl bis hundert und zurück, du Pflaume, und
wenn du es aushältst, bist du mein Mann.

Die Bauarbeiter schieben Srećko weg.

SREĆKO Wenn ich jetzt so wäre wie früher, würdest du auf
mich hören, wenn ich so wäre wie früher, würdest du mit
mir kommen?

Die Arbeiter halten ihn fest.

Maca setzt sich zum Trainer auf das Fahrrad.

MACA Willst du mir jetzt auf Wiedersehen sagen?

SREĆKO Wenn die mich nur loslassen ...

BAULEITER Wir rufen die Polizei.

ARBEITER Das Telefon funktioniert nicht ...

ARBEITER 2 Das Licht auch nicht mehr ...

SREĆKO Maca, ich bin das Licht.

ARBEITER Wir hätten nicht hierherkommen sollen.

TRAINER Im Dunkeln ist gut munkeln!

Lachen und Kreischen überall.

Wind und Wellen.

MACA Die Rutschbahn.

Der Wirt stellt eine Rutschbahn auf, holt die Mädchen und setzt sie nacheinander drauf.

MACA Wo ist deine Freundin, Chef?

WIRT Hiermit ist mehr zu verdienen, das ist eine Attraktion, das ist die Zukunft. Schöne Menschen springen, singen, lächeln, das ist ein gutes Geschäft, so gewinne ich wieder Selbstvertrauen, auch wird es nicht mehr so viel regnen, lauter schöne, heitere Menschen.

BAULEITER Ich höre, dass jemand etwas bewegt, sehe aber nichts, ich sehe eine Rutschbahn, Dinge werden hin und her geschoben ...

Maca umarmt den Bauleiter, streichelt ihm über den Kopf.

Die Arbeiter vergnügen sich auf der Rutschbahn.

MACA Der Chef ist tot, aber ich sehe ihn.

SREĆKO Ich sehe, was geschehen ist. Sie fuhren, die Polizei hinter ihnen her, der Wirt raste direkt in den Fluss.

TRAINER Kommt, wir trinken was.

Der Wirt und die Mädchen reißen das Wirtshaus ab.

BAULEITER Ich würde auch gern was trinken.

MACA Das Zeug taugt nichts.

WIRT Ich werde bauen. Ich lasse nicht zu, dass mir jemand Fremdes dazwischenfunkt, hier habe ich mein halbes Leben verbracht.

TRAINER Einen Scheißdreck hast du verbracht.

Die Arbeiter vergnügen sich auf der Rutschbahn.

ARBEITER Mich kitzelt was.

Die Mädchen kitzeln ihn.

TRAINER Jetzt kannst du mir nichts mehr anhaben.

WIRT Das ist der Dank dafür, dass ich mich abgerackert hab.

BAULEITER Bitte ...

MACA Das Zeug taugt nichts.

TRAINER Wir kommen schon irgendwo unter.

Trainer weint.

MACA Und ob ...

WIRT Los, jetzt ein Lied!

SONG – MEIN LEBEN

SREĆKO *Singt.*

Das schöne Menschenmeer

Rief heute den warmen Winter

Und ich klingele und klingele

Durch das schöne Menschenmeer

Der Krieg der Hunger das Unglück

Sollen uns ruhig treffen

Uns zu Skeletten machen

Tote gabs schon lange nicht

Der Fluss fließt trägt Schlamm mit sich

Das schöne Menschenmeer

Wächst läuft lacht

Und rupft und rupft Federn

Wenn ihr nur wüsstet
Was ich weiß
Würdet ihr mich treten treten
Meine Schönen Lieben

Wir sind am Ende der Welt
Schönes Menschenmeer
Am Ende der Welt am Ende
Schaufeln wir in Reih und Glied

Heute ihr Lieben bricht
Mein blutiges Herz
Heute haben meine Augen
Eine Schönheit erblickt

ENDE

Maja Pelević

Orangenhaut

Originaltitel: Pomorandžina kora

PERSONEN

Er
Sie
Die Problematische
Die Reife

1. Ich wünsche ich will ich kann

SIE

Ich liebe mich so sehr, dass kein andERER mich lieben muss.

Ich lüge.

Ich liebe mich.

Ich lüge.

Ich liebe mich so sehr, dass ich mich liebe.

Ich lüge.

Um mich zu lieben.

Ich lüge.

Damit niemand mich lieben muss.

So wie ich mich liebe.

So wie ich lüge, dass ich mich liebe.

Ich belüge alle.

Ich liebe.

Ich lüge, dass ich liebe.

Ich liebe es zu lügen.

Wie sehr?

So sehr, dass ich mich liebe.

So sehr, dass ich lüge.

So sehr, dass ich lüge mich zu lieben ...

Während ich lüge ...

Während ich liebe ...

Während ich lüge und liebe

Lüge und liebe

Lüge ich

Liebe ich.

Ich lüge, um zu lieben.

Ich liebe es zu lügen.

So sehr.

So sehr liebe ich.

Die Leute lieben fremde InnEReien ERbrochenes ERnähren sich davon genießen es essen rohes Fleisch und fragen nicht von wem und wohER es kommt die Arbeit dER Gliedmaßen ERzeugt ein ultimatives VERgnügen die Befreiung dER EnERgie und die StimuliERung dER Akupunkturpunkte weil ich es tun muss und weil ich es brauche und weil und weil und weil copy paste und man bekommt zwei Seiten denn wir leben in dER Recycling-Ära und alles ist unsinnig und die Logik ist längst vERschwunden weil die Nachfrage

danach vERschwunden ist und man preist fremde Kotze an
heimlich auf den BürgERsteig gespuckt weil so etwas doch
ungehörig ist und dieses ERbrochene bleibt dann liegen und
wird von Schuh zu Schuh weitERgetragen und das freut
mich sehr denn alles andERe ist nur Konstruktion, Destruk-
tion, Masturbation ...

2. Schönes Fräulein so allein

Du bist im Klub. Da sind viele Leute. Du spürst nichts. Du glaubst, nichts zu spüren, abER du schwitzt.

SIE

Hey!

ER

Hey!

SIE

AmüSIErst du dich?

ER

Hmmm.

Du tanzt. VERführERisch. Für ihn zERstörERisch.

SIE

Ist das deine Puppe?

ER

Hmmm.

SIE

Hmmm, hmmm, hmmm!

ER

Bitte?

SIE

Nichts, mich törnt nur an, was du ERzählst.

ER

Ich ERzähle nichts.

SIE

Das ist es ja. Willst du was trinken?

ER

Nein, danke.

SIE

Und ficken?

ER lacht. Fühlt sich geschmeichelt. Ist ERschrocken ratlos. Soll ER abhauen?

ER

Ich haue ab.

SIE

Wohin?

ER

Zu meinER Freundin.

SIE

Zu diesER frigiden Masse die täglich deinem Ego schmeichelt abER ohne anständigen Sex genauER gesagt mit ziemlich miesem so dass deine SpERmatozoen wild wERden und du SIE von Zeit zu Zeit mit einem unvERbindlichen Flirt bei Laune halten musst so übERlistest du SIE einen Augenblick abER nicht lange.

ER ist geschockt. Warum? ER geht. Kommt ER zurück? Nein. Du bist im Klub. Da sind viele Leute. Du spürst nichts. Du glaubst, nichts zu spüren, abER du schwitzt.

SIE

Hey!

ER

Kennen wir uns?

SIE

Schon möglich.

ER

Haben wir uns vielleicht auf dER Party gestERn kennengelERnt?

Du weißt nicht, worum es geht. Nickst.

ER

Du hattest ein rotes Kleid an und standst mit deinER Freundin in einER Ecke.

Du weißt nicht, worum es geht. Nickst wiedER.

ER

Willst du was trinken?

Du weißt, worum es geht. Nickst wiedER.

ER

Wein?

SIE

GERn.

ER

Rot?

SIE

Weiß.

Du tanzt. Keusch. Unauffällig. Konstruktiv.

ER

Womit befasst du dich?

SIE

Im Moment mit dir.

ER lächelt. Ist ERfreut.

ER

Und ... zu welchem Schluss bist du gekommen?

SIE

Ich glaube, du hast einen zu kurzen Schwanz.

ER guckt beleidigt. VERsucht, sich zu behERrschen.

ER

Wie kommst du darauf?

SIE

Hättest du mir vorgeschlagen, seine Länge zu übERprüfen,
wüsste ich, dass du kein Problem damit hast, jetzt weiß ich,
dass ich recht hatte.

ER

Bist du immER so vulgär?

SIE

So ist das Leben.

*ER übERlegt, wegzugehen. Das ist Strategie. ER sollte bleiben.
Und doch geht ER.*

ER

Meine Freunde warten auf mich. Bis bald.

SIE

Hey!

ER

Ja?

ER hatte auf eine Entschuldigung gehofft.

SIE

Das ist doch nicht schlimm.

*Du bist im Klub. Da sind viele Leute. Du spürst nichts. Du
glaubst, nichts zu spüren, abER du schwitzt.*

ER

Schönes Fräulein, warum so allein?

SIE

Ich gucke, an wen ich mich ranmachen kann.

ER

An mich?

SIE

Vielleicht.

ER

Vielleicht?

SIE

Wollen wir?

ER

Wohin?

SIE

Zur Toilette.

ER

Wir kennen uns nicht einmal.

SIE

Dort lERnen wir uns kennen.

ER

Ich hole mir nur was zu trinken. Möchtest du etwas?

Ich schüttele den Kopf. ER vERschwindet in dER Menge. Kommt nicht wiedER. WARUM IST DAS SCHÖNE FRÄULEIN SO ALLEIN, WENN ES IN DER KLUBTOILETTE FICKEN KÖNNTE – UMSONST?

3. Zehn Schritte zu einem vollkommenen Date

1. Nehmen SIE ein Bad in RosenblättERn, das entspannt und schenkt Ihnen seelisches Gleichgewicht.

2. Ziehen SIE Ihr elegantestes Kleid an, das, in dem SIE sich so lockER, wohl und umwERfend fühlen.

3. Benutzen SIE ein Parfum, das nicht nur Ihre Sinnlichkeit betont, sondERn auch einen vERführERischen Duft vERströmt.

4. Nehmen SIE Ihre besten Freundinnen mit, damit SIE ganz entspannt sind.

5. Wenn SIE ihn ERblicken, zeigen SIE nicht sofort IntEResse.

6. Wenn ER SIE anschaut, ERwidERn SIE seinen Blick, schERzen abER danach einige Minuten lang mit Ihren Freundinnen, damit es ausSIEht, als untERhielten SIE sich prächtig.

7. Tanzen SIE wedER zu vERführERisch, noch zu lässig.

8. SpendiERt ER Ihnen einen Drink, danken SIE ihm von weitem mit einem Lächeln, warten jedoch, dass ER an SIE hERantritt.

9. Entschließt ER sich endlich zu diesem Schritt, lächeln SIE geheimnisvoll.

10. Wenn SIE miteinandER ins Gespräch kommen, vERraten SIE nicht allzu viel von sich, heben SIE etwas für spätER auf, und nun an die Arbeit, AUF SIE WARTET DAS VOLLKOMMENE DATE!

4. Werden Sie Ihre Orangenhaut los

Geschlecht?
Weiblich.

AltER?
Dreißig.

Größe?
Einsfünfundsiebzig.

Gewicht?
Fünfundfünfzig.

Haarfarbe?
Braun.

Augenfarbe?
Grün.

Zellulitis?
Ja.

SchwangERschaftsstreifen?
Ja.

HühnERaugen?
Ja.

Hämorrhoiden?
Nein.

Hauttyp?
Mischhaut.

Akne?
Gelegentlich.

MitessER?
An dER Nase.

Biologische Gesichtsbehandlung, Haarpackung mit Tiefen-
wirkung, Fettabsaugen, Epilation, Depilation, DERmoabrasio,
Pediküre, Maniküre und Myolift.

Mit wie vielen MännERn haben SIE bishER geschlafen?
Zweihundertfünfundsiebzig.

Frauen?
Zwei.

Wie viele Kalorien nehmen SIE täglich zu sich?
Keine Ahnung.

SpERma?
Zehn Milliliter.

DominiEREN SIE gERN?
Kommt darauf an.

Im Bett?
Nein.

Im Leben?
Ja.

Lieblingsstellung?
Von hinten.

Lieblingsspeise?
Eis.

Wovor haben SIE am meisten Angst?
Vor Ihnen.

Möchten SIE heiraten?
Nein.

Haben SIE einen Freund?
Nein.

Betrügen SIE Ihren Freund?
Ja.

Beschreiben SIE eine langweilige Situation.

Ich sitze vor dem FERnsehER neben dem Mann, mit dem ich
seit einem Jahr zusammen bin.

Beschreiben SIE eine intERessante Situation.
Ich trampele auf eben diesem FERnsehER hERum, bis ich
scharf wERde.

Betrachten SIE Ihr Leben als intERessant?
Nein.

Möchten SIE es intERessantER gestalten?
Ja.

Betrachten SIE Ihr Leben als normal?
Nein.

Möchten SIE, dass es normal ist?
Ja.

Wie würden SIE sich definiEREn?
Orangenhaut.

Möchten SIE mithilfe dER neuesten ERrungenschaften dER
Schönheitschirurgie die Orangenhaut schnell und wirksam
loswERden?
Ja.

Danke für Ihren Anruf und Auf WiedERsehen.

5. Verändern Sie Ihr Äußeres – Verändern Sie Ihr Leben

Du sitzt in einem Schönheitssalon, links und rechts von dir die Problematische und die Reife. Auf euren Köpfen etwas wie CybErhauben.

DIE REIFE

Ich habe alles ausprobiErt: DErmoabrasio, BrustvErgrößErung, Fettabsaugen, Hautstraffung, Ohrenkorrektur, Funkwellenchirurgie, abER dER junge Arzt in dER Chirurgischen Abteilung nimmt immER noch keine Notiz von mir. Jedes Mal, wenn ich komme, sitzt ER mit irgendwelchen minibErockten KrankenschwestErn hERum und betatscht ihre Fettsteiße vollER Zellulitis, ich dagegen: glatt wie ein Pfirsich, keine Falte, keine Narbe, dabei bin ich fast sechzig.

DIE PROBLEMATISCHE

Würde mir jemand bitte diese Elektroden an den Beinen etwas lockERn, ich ERtrage SIE nicht mehr, das juckt fürchtERlich und meine Muskeln vERkrampfen sich.

DIE REIFE

Du hättest halt beizeiten übER die Folgen dER durchgemachten Nächte, des unsoliden Lebens, des Alkohols und dER Drogen nachdenken sollen.

DIE PROBLEMATISCHE

Alte Schachtel!

DIE REIFE

SIEh mich doch richtig an.

DIE PROBLEMATISCHE

Du hast ja selbst gERade vERraten, wie alt du bist!

DIE REIFE

Dann solltest du mich eigentlich SIEzen, abER wozu, das AltER sagt heutzutage nichts mehr übER das Aussehen und die Reife aus.

DIE PROBLEMATISCHE

Man ERkennt es abER an IHREN Augen!

DIE REIFE

Das sind die Kontaktlinsen, meine Liebe ... aus SichERheitsglas. Lass du dir liebER diesen Pickel an dER Nase wegmachen, bevor ER sich übER die ganze Visage vERbreitet.

DIE PROBLEMATISCHE

Sollte es dazu kommen, trete ich das Skalpell gERn an dich ab.

DIE REIFE

Und was hat SIE für Probleme?

DIE PROBLEMATISCHE

Was hast du, warum schweigst du?

DIE REIFE

Die ist nicht normal.

DIE PROBLEMATISCHE

Schau SIE dir nur an, wie SIE ausSIEht.

DIE REIFE

SIE hat nicht beizeiten vorgesorgt.

DIE PROBLEMATISCHE

Halt du doch den Mund, du Eule!

DIE REIFE

PubERtätsakne!

DIE PROBLEMATISCHE
Die Akne hat in den letzten Jahrzehnten wenigstens nach
HErzenslust gefickt.
DIE REIFE
Du bist ein unreifes MonstER!
DIE PROBLEMATISCHE
Und du hast den Hals vollER Falten!
DIE REIFE
Was ERlaubst du dir!
SIE
Hört doch auf!
DIE PROBLEMATISCHE
Schau an, die Stumme meldet sich zu Wort.
DIE REIFE
An dir gibt es noch viel zu tun.
DIE PROBLEMATISCHE
Was hast du vor?
SIE
Ich möchte mein Aussehen vERändERn.
DIE REIFE
Gute Idee.
DIE PROBLEMATISCHE
Und wie?
SIE
Ich möchte ganz gewöhnlich aussehen.
DIE REIFE
Gewöhnlich?

SIE

Ja, so gewöhnlich, dass ich in dER Masse untERgehe.

DIE PROBLEMATISCHE

AllERhand! Alle wollen andERs sein und du willst gewöhnlich aussehen.

DIE REIFE

Wie dumm.

DIE PROBLEMATISCHE

AusgERechnet du willst klug sein.

DIE REIFE

Halt den Mund, du dumme Pute.

DIE PROBLEMATISCHE

Du auch, du unbefriedigte Kuh.

SIE

Schluss alle beide!

DIE PROBLEMATISCHE

SIE sollen dir diese SchwangERschaftsstreifen wegmachen.

DIE REIFE

Je ehER du mit den Antifaltenpräparaten beginnst, umso
bessER.

DIE PROBLEMATISCHE

Auch diese MuttERmale sollen SIE dir wegmachen.

DIE REIFE

Und auch die Narben an den Knien.

SIE

Ja, die Narben sind ungewöhnlich. Die müssen weg.

Und auch die Orangenhaut!

Die Orangenhaut dürfen SIE nicht vERgessen!

Man hat an dir alle möglichen kosmetischen Eingriffe vorge-
nommen und jetzt SIE*hst du ganz gewöhnlich nach d*ER *neues-*
ten Mode aus: blondes Haar, straffe Gesichtshaut, runde Brüste,
*flach*ER *Bauch, an den Beinen keine dicken Krampfad*ERn*,*
denn du hast keine mehr, und die Orangenhaut ist weg von al-
*len Körp*ER*teilen einschließlich dem Hirn, jetzt musst du nur*
alles pflegen, was heißt, dass du SIE*bzig Prozent dein*ER *Frei-*
*zeit im Schönheitssalon v*ER*bringen wirst, ab*ER *das wird sich*
*auf dein Äuß*ER*es und auf deine mentale Gesundheit vielfältig*
positiv auswirken.

*Fühle dich blendend, denn du v*ER*dienst es!*

6. Cyberchick vs. real time

File

Open – GUTEN TAG

Edit

Select all

Copy

Paste

WeckER

– Augen aufmachen. Willkommen in dER realen Welt. Auf die Uhr schauen. Sechs Uhr, null Minuten, null Sekunden. oooooooooooooooo ... Die Augen schließen.

WeckER

File

Open – KATERSTIMMUNG

Select all

Copy

Paste

– InsErt: Aspirin 1000 mg; AlcaselzER 500 mg; Proteine 3,3 g; Milchfett 1,5 g; Laktose 4,1 g; Kalzium 125 mg; NährwERt 45 Kalorien.

File

New Blank Document

– Augen aufmachen. Willkommen in dER realen Welt. Auf die Uhr schauen. Sechs Uhr, fünf Minuten, null Sekunden. ooooooooooooooooooo ... FedERbett weg. Gähnen. Sich räkeln. Leichte Müdigkeit vERspüren, ein Nachlassen dER Konzentration, mentale Müdigkeit.

Blutdruck 90 zu 60.

InsErt: L-asparagin 25 mg; L-Glutamin 25 mg; Pridoxin-chlorid 10 mg.

Edit

Replace

Blutdruck 120 zu 80.

View

Full Screen

– Geschwollene AugenlidER. Ringe untER den Augen. Zwei Pickel auf dER linken Wange, einER auf dER Stirn. Die rechte Gesichtshälfte zERknautscht. Hautfarbe gräulich.

Help

Help

Help

Clear

New Blank Document

InsERt

Picture

From camERa

– Sonnengebräunte Haut. 50 kg. StraffER HintERn.

Zoom

File

Open – MORGENAKTIVITÄTEN

Select all

Copy

Paste

– AchtundviERzig Schritte bis zum Bad. KalorienvERlust bei

langsamem Gehen: Zweitens – Zähne putzen. Das Gesicht waschen. Nachthemd ausziehen. Duschen – fünf Minuten. Abtrocknen. Föhnen – fünf Minuten. Tagescreme. Waage: 55 kg 320 g.

InsErt: Obedial 500 g.

Stuhlgang.

Waage: 55 kg.

Anziehen – zehn Minuten.

Schminken – zehn Minuten.

Dreißig Schritte bis zur Küche.

Open – FRÜHSTÜCK MONTAG

Copy

Paste

InsErt: Weich gekochtes Ei. Toast. Obstsaft.

Morgendliche Übelkeit.

Help

www.netdoctor.com

Search

Begleitet von KopfschmErzen– nein

Von ERbrechen – nein

Von GliedERschmERzen – nein

LetztER GeschlechtsvERkehr ohne Schutz – nein

InsErt: Ibuprofen 1000 mg.

Clear

HystERisch Sachen aus dem Schrank reißen. SIE auf den Boden wERfen. Darauftrampeln. Ab und zu Netzstrümpfe zERfetzen.

Help

Downloads and Updates
www.gap.com
Items in bag:
10 Items
Items in bag:
20 Items
Items in bag:
30 Items
hip tip
be the first
get it now
31 Items
pay by credit card – yes
Clear

File
Open – TAGESAKTIVITÄTEN MONTAG
Update – yes
InsErt
Delete
Select
Alignment and Spacing
BordErs and Shading
Undo

PErsonal remindEr: Geburtstag dEr SchwestEr
www.netgift.com
Buy the most!

Buy the best!
Send
Update – complete
Space
EntER
Delete

MessagER: Melde dich. Du fehlst mir.

Delete

MessagER: Falls du es dir andERs übERlegst, komm heute Abend bei mir vorbei.

Delete.

Ctrl Alt Delete
Scheiße
Restart

www.chatchatchat.com
UsER name: bemyvalentine
E-Mail: bemyvalentine@bemyvalentine.com
Birthday: 14. 02. 1981.
Clear
Birthday: 14. 02. 1986.
Update
Something about yourself: pretty, sexy, ready to dance

How do you feel today J

New message from lovER boy: Send me your picture sexy!

File
Open
Picture FoldER
ICH – SCHÖN
Edit
Select all
FiltER
Artistic
Neon Glow
Save
Send.

Open – MITTAGESSEN MONTAG
Copy
Paste
InsERt: Fleisch. Tomaten. Brot.
Open – TV
InsERt: Nachrichten
www.astro.com
Free daily horoscope – created especially for you
Login
Today your attention will be focused on your work. The Mid-
heaven is strongly connected with the ego structure. This is
especially important if you are a meditative pERson.

Ein Glas kaputtschlagen. Schreien. HystERisch wERden. SchERben aufsammeln. In den MülleimER wERfen.

www.netdream.com
FixiEREn SIE den gelben Punkt. Entspannen SIE sich. Stellen SIE sich eine Blume vor. Sehen SIE SIE? Click yes. Spüren SIE SIE? Click yes. Jetzt befinden SIE sich im Zustand vollständigER Meditation.
Escape.

MessagER: Ich habe dein Geschenk bekommen. Danke. Du könntest heute Abend bei mir vorbeikommen. Es gibt deinen Lieblingskuchen.

Delete.

MessagER: Antworte endlich! Ich habe eine ÜbERraschung für dich J

Delete.

Open – MONTAGSGYMNASTIK
Die Elektroden am Bauch befestigen.
Start 30 min.
End.
Update – mail.
Check
Check

Check

MessagER: Das halte ich nicht längER aus.

Delete.

www.howtohavegoodsex.com

Search

Blondes Haar, grüne Augen, athletischER KörpERbau, zwei-
undzwanzig Jahre.

EntER

Englisch, französisch

EntER

Pilot

EntER

VERheiratet

EntER

KamERa einschalten. SIE von sich weg halten. Ihn beim Mas-
turbiEREn beobachten. Sich bERühren. Sein Geschlechts-
teil betrachten. Sich bERühren.

– Hör zu, Kleine, dreh die KamERa zu dir hin.

Sich bERühren.

– Lass dich sehen.

Sich bERühren. Die KamERa langsam zu sich hin drehen.

– Soll ich vielleicht auf dein T-Shirt glotzen?

Sich bERühren. Das T-Shirt langsam hochziehen.

– Noch ein bisschen.

Sich bERühren. Langsam das T-Shirt noch höhER ziehen.

– Gute Titten hast du. Zeigst du mir auch dein Gesicht?

Escape

Delete

Disconnect

– Dreißig Schritte bis zum Bad. Sich ausziehen. Duschen – zehn Minuten. Abschminken – zehn Minuten. Zähne putzen. AchtundviERzig Schritte bis zum SchlafzimmER. KalorienvERlust bei schnellem Gehen – Viertens – Nachthemd übERziehen. Sich hinlegen.

InsERt: GUTE NACHT

Shut down computER.

7. Binden Sie ihn für das ganze Leben an sich

*Zu deinER Rechten im Restaurant ein junges, normal bürgER-
liches Ehepaar mit zwei kleinen KindERn. Du sitzt allein am
Tisch und trinkst Kaffee.*

Ich glaube, das ist keine gute Idee.

AbER letztes Jahr hattest du nichts dagegen.

Allein komme ich mit den KindERn nicht zurecht.

Zwei Tage?

Drei.

Hol deine MuttER.

SIE ist krank!

AbER das machen wir doch immER so.

Kommt nicht infrage.

Liebste!

Bitte?

Du weißt, dass ich dir immER etwas Schönes von dER Reise
mitbringe.

Ich weiß.

Dieses Mal wird es etwas noch SchönEREs sein. Komm, lass
uns nicht zanken.

Wir zanken nicht.

Also o. k.

Gut, abER nur drei Tage.

Ich wERde dich jede halbe Stunde anrufen.

*Natürlich rief ER nur einmal kurz vor seinER Rückkehr an auf
dER Reise war ER mit seinER Geliebten weil seine Frau ihn*

nicht mehr ERregt diese vERmutet das seit Monaten sagt abER
nichts weil man in einER normalen bürgERlichen Ehe übER so
etwas nicht spricht.

Ich weiß, wohin du gehst.

Natürlich weißt du dass ich auf eine Reise gehe.

Mit deinER Geliebten.

Dummes Zeug.

Nur dass du es weißt, ich wERde die KindER zu deinER MuttER bringen.

Wann?

In diesen drei Tagen.

Warum?

Mir gefällt dER SchreinER, dER uns das Ehebett gezimmERt
hat.

Sei nicht kindisch.

Wieso?

Weil ich wegmuss und für so etwas keine Zeit habe.

Wir haben uns schon einmal gesehen, als ER kam um das
ZimmER auszumessen.

Na und.

ER war sehr nett.

Wie nett.

ER hat mir seine Visitenkarte gegeben.

Du machst dich lächERlich.

Mag sein.

ER ist schließlich weggegangen und die Frau hat kein Wort gesagt
auch hatte SIE keine Visitenkarte von dem SchreinER bekommen
dER ihnen das Ehebett gezimmERt hatte noch hatte irgendje-

mand ihr Ehebett gezimm*Er*t S*ie* haben es vielmehr von seinen
Elt*Er*n ge*Er*bt und *Er* kam von d*Er* Reise zurück und brachte
ihr eine Halskette aus Korallen vom Grund des Stillen Ozeans
und beim Anblick d*Er* Kette leuchteten ihre Augen auf und bis
zur nächsten Reise hatte S*ie* keine Einwände mehr S*ie* fragte
sich nicht warum *Er* um drei Uhr nachts aus dem Büro nach
Hause kam mit Knutschflecken am Hals und mit Kratz*Er*n auf
dem Rücken S*ie* fragte sich auch nicht wozu die rosafarbenen
Samtfesseln dienten die S*ie* bei seinen schmutzigen Socken fand
S*ie* fragte sich auch nicht wieso S*ie* rote Haare auf seinem weißen Hemd fand S*ie* fragte nach nichts mehr und so lebten S*ie*
glücklich bis an ihr Lebensende mit dem Pornokanal im Pay-TV.

Um ihn für das ganze Leben an S*ie* zu binden

Müssten S*ie*

wenig bis mäßig schön sein

wenig bis mäßig klug

wenig bis mäßig *Er*folgreich

wenig bis mäßig anspruchsvoll

wenig bis mäßig int*Er*essant

Sehr tol*Er*ant

Sehr gütig

Sehr v*Er*ständnisvoll

Sehr hilfsb*Er*eit

Nie schlecht gelaunt

Aufm*Er*ksam

Ohne viele Fragen

Ohne viele Antworten

Ein wenig dümm*Er* müssten S*ie* sein.

8. Kaufen Sie ein Kochbuch – Werden Sie eine Braut

Du und ER am Tisch in einem teuren Restaurant.

ER

Schmeckt es dir nicht?

SIE

Doch, abER ich darf nicht mehr.

ER

Ich habe mir etwas übERlegt ...

SIE

Was?

ER

Du bist sehr schön.

SIE

Danke.

ER

Und nett ...

SIE

Danke.

ER

Und ... ich glaube, es wäre gut, wenn du meine Frau würdest.

SIE

Danke.

ER

Bist du einvERstanden?

SIE

Hmmm.

ER

Soll ich Sekt bestellen?

SIE

Ja.

ER

Wir leben in unsichEREn Zeiten und die Ehe ist vielleicht
unsERe einzige Zuflucht.

Ihr esst schweigend weitER.

9. Leckereien für ihn

Würden SIE Ihr Liebesleben in seinen besten Momenten als gesund, ausgezeichnet, befriedigend odER atembERaubend beschreiben?

DIE REIFE

Ich untERhalte meinen Mann am liebsten mit ERotischen Kartenspielen.

DIE PROBLEMATISCHE

Du musst es ihm nur von oben besorgen und die Sache ist gERitzt!

DIE REIFE

Du solltest dir ein bisschen die ObERlippe aufpolstERn lassen.

DIE PROBLEMATISCHE

Sehe ich da richtig – einen Ring!?

DIE REIFE

Dann wissen wir ja wER in dER nächsten Zeit diese Probleme nicht haben wird!

SIE

ER kriegt ihn nicht hoch.

DIE REIFE

DER FußballspielER!

DIE PROBLEMATISCHE

Ist das möglich?

DIE REIFE

Hast du es mal oral probiERt?

SIE

Hmmm.

DIE PROBLEMATISCHE

Anal?

SIE

Hmmm.

DIE REIFE

Mit einem Quicky?

SIE

Ja.

DIE PROBLEMATISCHE

In dER Öffentlichkeit?

SIE

ÖftER.

DIE REIFE

Du bist das Problem. Du liebst deinen KörpER nicht genug.
Wenn nächstes Mal sein Blick übER deine Kurven gleitet
musst du es fühlen und denken du seiest vollkommen. Tue
alles damit deine Haut glänzt entfERne vERborgene Mängel
bewundERe deine Trümpfe hör auf dich mit andEREn zu
vERgleichen führe ihm einen Heimstriptease vor, und alles
wird o. k.

SIE

Ich will ein Baby.

10. Kontra-Kontraindikationen

Guten Tag ... heute geht es mir nicht sehr gut mir ist schwindlig abEr nicht so wie wenn ich niedrigen Blutdruck habe sondErn als wäre eine LeEre untEr mir ich weiß nicht ob Sie mich vErstehen abEr ich halte es wirklich nicht mehr aus es ist als steckte ich nicht in meinEr Haut ... ja ich habe etwas Salz genommen ... ja das habe ich auch eingenommen ... nein, das ist es nicht ... nein ich esse keine Süßigkeiten ... nein ... ich bin nicht schwangEr ... ich habe keine GebärmuttEr ... ja gewiss ... ich kann nicht ... was ... ich vErstehe nicht ... ach so ... gut ... abEr es ist nicht normal ich fühle mich nicht wie sonst etwas stimmt nicht mit meinem Kreislauf es ist als liefe Er vErkErrt hErum ... nein ich mache keinen Spaß ich sag das im Ernst es ist als liefe alles falsch Sie können mir nicht etwas andEres einreden wenn ich das so empfinde ... mein Mann ist nicht hiEr Er ist mit seinEr Geliebten vErreist abEr Er sagt Er ist auf Dienstreise deshalb kann ich ihn nicht Erreichen denn Er hat ein Handy mit angeblich streng geheimEr NummEr die nur sein Chef kennt dabei wissen alle worum es geht wenn Er übEr dieses Handy zu Erreichen ist obwohl ich ihm gesagt habe dass Er das vor mir nicht vErbErgen muss weil ich nur zu gut weiß wo Er ist und dass Er das kleine rosafarbene Handtuch mitgenommen hat das mir meine MuttEr zur Hochzeit geschenkt hat Er hat es mitgenommen um es ihr untEr den Kopf zu legen wenn Sie in seinem neuen Wagen vögeln weil man auf den

LedERsitzen am Kopf schwitzt und die Fönfrisur schnell hin ist und SIE muss immER gut aussehen sogar wenn die Paparazzi SIE beim Liebesspiel ERtappen ich war auch einmal in ihrER Lage dahER weiß ich es ER hat mir damals ein Handtuch mit den Initialen seinER damaligen Frau untER den Kopf gelegt abER da waren die Sitze nicht aus LedER sondErn aus Synthetik und davon schwitzt man noch mehr deshalb nahm ER nicht ein normal großes Handtuch sondErn ein Badetuch und zwar genau jenes das SIE ins Krankenhaus mitgenommen hatte als SIE ihm das ERste Kind gebar so dass SIE schnell dahintER kam als SIE mERkte dass dieses Badetuch fehlte ... ich habe keinen Durst abER mir ist als spannte die rechte Gesichtshälfte ... doch ich benutze Feuchtigkeitscreme abER nicht immER weil mein Mann SIE stibitzt wenn ER Bedürfnis nach Analsex hat denn SIE enthält SERotox das gleichzeitig spannt und schmERzlindERnd wirkt so dass Analsex mit diesER Creme sehr angenehm ist deshalb nehme ich es ihm nicht übel wenn ER SIE mitnimmt sonst würde sein Glied wund und geschwollen und ER schlecht gelaunt und dann wERde ich auch schlecht gelaunt und das ist nicht gut ... fallen schon aus abER nicht übERmäßig viele ... SIE fragen nicht ... wie viele ... ja und wann soll ich mich bei Ihnen melden? Danke und auf WiedERsehen.

Du musst auf die Toilette.

SIE

Zwei Tabletten alle sechs Stunden normaliSIEren die Hormonstörungen dER Geschlechtsdrüsen, vERbessERn die

Funktion dER EiERstöcke und ERhöhen beim Mann die Zahl dER Samen bei dER OligospERmie, die Kraft dER Samen bei AsthenospERmie, vERbessERn dERen Form bei TERatospERmie und helfen bei komplettem Fehlen dER SpERmatozoen.

Du denkst nach.

SIE

In den ERsten zwei Ehejahren beunruhigte es uns nicht dass wir keine KindER bekamen abER dann begannen wir zu zweifeln ob mit uns alles in Ordnung ist mein Mann war anfangs skeptisch und wollte keinen ärztlichen Rat einholen schließlich haben wir uns doch zu einER UntERsuchung entschlossen und so ERfuhren wir dass ER an AzoospERmie also am vollkommenen Fehlen von SpERmien leidet und vERsuchten dieses Problem mit vERschiedenen AntibiotikathERapien zu lösen abER SIE brachten nichts worauf wir uns für eine altERnative Methode entschieden die darin bestand alle halbe Stunde eine Tablette auf pflanzlichER Basis einzunehmen und das gab sehr bald gute Resultate ... ich blieb nicht schwangER abER das Liebesleben meines Mannes vERbessERte sich deutlich und auch ich fühle mich viel bessER und mein PsychiatER meint ebenfalls dass sich mein allgemeinER mentalER Zustand gebessERt hat ... mein Mann und ich gaben nicht auf und am Ende lächelte uns das Glück.

SIE

Mein Mann raucht und das Rauchen soll den SpERmien schaden.

Du isst.

Man hat Pirolokuinolin kuinona entdeckt, ein neues Vitamin, das es in PETERsilie, grünER Paprikaschote, grünem Tee und Kiwi gibt. Japanische WissenschaftlER haben mit ExpERimenten an Mäusen festgestellt, dass dieses neue Vitamin in ausreichendER Menge für Fruchtbarkeit sorgt.

Und wenn man dazu noch aus dem neuesten selbstkühlenden BechER eine Tasse Kakao trinkt dER nach Ansicht amERikanischER WissenschaftlER mehr Antioxidantien enthält als Rotwein odER grünER Tee dann ist dER Genuss vollkommen.

SIE

Nehmen SIE nicht gleichzeitig Eiweiße und Kohlhydrate zu sich!

SIE

Bananen sind vERboten!

SIE

Hoch lebe Quark mit zwei Löffelchen Orangensaft!

SIE

Gesunde Kost vERursacht bei mir AllERgie und Brokkoli Brechreiz.

Drei, viER, los!

SIE

VERgrößERung VERkleinERung Aufhebung dER Asymmetrie AufpolstERung Straffung Fettabsaugen Transplantation Korrektur Implantation und zwei Mal hintEReinandER Masturbation ... wegen Melaninmangel habe ich keinen Ausfluss mehr.

Du bist etwas müde, abER nicht zu sehr.

SIE

In den letzten zehn Tagen vERschwanden das kleine rosafarbene Handtuch, die Zahnbürste, das Wangenrouge, dER
Mascara, eine Kaffeetasse, 250 g Schinken, Sodabikarbonat,
die KERze vom FERnsehER, die Spirale, dER Leopardengür-
tel, die indische Tagesdecke, das Kissen aus Dubai, das Tele-
fonbuch und mein Mann.

11. Zu allem bereit

Jetzt langweilst du dich. Du bist allein in einER großen Stadt in einER zu großen Wohnung eingERichtet nach dem letzten Schrei dER Journale für schönes Wohnen. Du langweilst dich bis zum Gehtnichtmehr.

SIE

Wenn ich mich frühER langweilte, ging ich in einen Klub, ließ mich vollaufen und fand mich am nächsten Morgen mit einER Zigarettenkippe auf dER rechten Backe im Studio irgendeinER TeenagER-Heavymetal-Band wiedER.

Und jetzt sitzt du allein in deinER Wohnung und wartest auf deinen Mann, dER bei dER ERfüllung seines streng geheimen Auftrags ist.

SIE

Ich möchte SIE am liebsten umbringen und ihr Gesicht auf meines vERpflanzen dann in sein prachtvolles Büro gehen von dem man die ganze Stadt übERblickt und mich auf seinen poliERten Mahagonitisch setzen meinen Spitzenminirock hochheben und ihm meine wundERschönen Schenkel zeigen denn niemand besitzt so hERrliche Schenkel wie ich ER würde SIE ERkennen und mich auf die Stelle küssen von dER nur wir beide ER und ich wissen dass es die Narbe vom Fettabsaugen ist ...

Das wirst du abER nicht tun weil dein Schönheitschirurg im Urlaub ist dafür wirst du deine Zeit nutzen um dich zu entspannen und Yoga bei KERzenlicht zu praktiziERen wie dein

Arzt dir empfohlen hat nur darfst du vorhER die drei bunten
Pillen nicht vERgessen.

SIE

ER wird es schon sehen wenn diese HormonthERapie
anschlägt und ich ihm ein Kind gebäre dann wird ihn
dER Streit um das SorgERecht völlig in Beschlag nehmen
ich habe gelesen wie gefährlich das für die KarriERe sein
kann.

Du gehst in die AbstellkammER um die Isomatte zu holen und
findest in seinER Sporttasche das lang ERsehnte Beweisstück
die COSMOPOLITAN mit ihr auf dER Titelseite zumindest
bist du übERzeugt dass SIE es ist.

SIE

Dreckige Hure! Schau SIE dir nur an. Ein widERliches
Weib. Dünne ObERlippe und aufgenommen von unten damit SIE größER wirkt dabei misst SIE einen MetER plus einen Lippenstift ich hasse SIE so glatt gebügelt mithilfe
irgendeines ComputERprogramms ohne ein Gramm Fett
zu viel und ohne Orangenhaut wER hat schon eine Frau
ohne Orangenhaut gesehen die Orangenhaut sollte das
Symbol dER Weiblichkeit sein wir sind andERs als ihr nicht
weil wir keinen Schwanz sondERn weil wir die Orangenhaut haben!

Eine so glorreiche Idee hattest du nicht seit du deine schriftstel-
lERische Tätigkeit an den Nagel gehängt hast um den bERühm-
ten FußballspielER zu heiraten und dann vom Stress eine
Hormonstörung bekommen hast weswegen du keine KindER
mehr kriegen kannst.

Es kommt nicht mehr darauf an, was Sie hat und ich nicht,
sondErn was Sie nicht hat und ich doch!

So bombig hast du dich schon lange nicht gefühlt. Heute machst
du kein Yoga und nimmst nicht die drei Hormonpillen ein son-
dErn bEreitest alles für seine Heimkehr vor wann immEr das
sein wird denn du musst ihn doch von deinEr genialen Idee
übErzeugen damit Er bEreit ist sein Geld darin zu inves-
tiEren.

Sie

Wie vErsetze ich ihn in rasende Leidenschaft, wie vEr-
schaffe ich ihm den ultimativen Kick?

Ihr hattet schon lange keinen Sex miteinandEr abEr es gibt
immEr eine Möglichkeit die eingeschlafene Leidenschaft zu
wecken.

Widmen Sie sich seinen Hoden

Sie sind für ihn eine dEr wichtigsten Erogenen Zonen

Tränken Sie ein Baumwolltuch in lauwarmem WassEr

MasSiEren Sie damit seine Hoden

Fahren Sie dann mit den FingErspitzen langsam

An dEr Innenseite seinEr Schenkel entlang

Dann nehmen Sie sein Glied in die Hand

Legen Sie es an den Mund

Liebkosen Sie es mit dEr Zungenspitze rauf und runtEr

Dann nehmen Sie es ganz in den Mund

Lecken und saugen Sie daran

Drücken Sie es festEr

Nehmen Sie Ihre Hände zu Hilfe

Kraulen SIE sanft seinen Hodensack
BErühren SIE den Punkt zwischen den Hoden und dem
AftER
Danach übERlassen SIE ihm die Arbeit
Von oben
Von dER Seite
Von hinten
Wenn ER fast so weit ist
Bieten SIE ihm an in Ihren Mund zu ejakuliEREn
Und dann schlucken SIE es runtER
ER wird sehr zufrieden sein
Und glauben SIE wären zu allem bEReit.

12. Sie allein gegen alle

*Endlich kommt ER von dER Geschäftsreise zurück. Du emp-
fängst ihn in deinem schönsten durchsichtigen Kleid mit einem
Abendessen das du extra aus dem nahe gelegenen makrobioti-
schen Restaurant hast kommen lassen. ER SIEht aus wie ein
schlaffER Luftballon ausgepowERt von stundenlangem wil-
dem Sex mit einER Frau die nicht seine Frau ist. Du sagst ihm
dennoch ER sehe frisch aus.*

SIE

Du SIEhst so frisch aus.

ER

Danke, Liebste, du auch.

SIE

SIEh mal, was ich uns zubEReitet habe.

ER

Etwas zum Essen?

SIE

Nein, nur zur Dekoration! Natürlich zum Essen.

ER

Für dich?

SIE

Nein, für dich, für uns!

ER

AbER ... entschuldige ... ich bin etwas müde.

SIE

Macht nichts, leg dich hiER hin, und ich masSIEre dir die Füße.

ER

Nicht nötig, ich glaube, ich sollte am besten ins Bett gehen.

SIE

Nein! ZuERst wird gegessen!

ER

Schrei nicht so, Liebste, du weißt, dass ich empfindliche Ohren habe.

SIE

Tut mir Leid, LiebstER, setz dich an den Tisch, so, jetzt lege ich dir die Füße hoch, damit SIE ausruhen ...

Du ziehst ihm die Strümpfe aus und SIEhst seine angeknabbERten Füße.

SIE

Was ist mit deinen Füßen, LiebstER? Bist du in Dornen getreten?

ER

Ja ... in einen Rosenbusch ...

SIE

AbER was hast du dort getan?

ER

Einen Strauß für dich gepflückt.

SIE

Und wo sind diese Rosen jetzt, LiebstER?

ER

VERwelkt.

SIE

Warum hast du dann nicht andERe gepflückt?

ER

Weil meine Füße wund waren, wie du SIEhst. Binde mir bitte ein Lätzchen um, damit ich mir das Hemd nicht vERsaue.

SIE

Ich ziehe dir die Hose aus, damit SIE dich nicht kneift. Liebs-tER, deine Beine sind ja vollER Bisswunden!

ER

Das geht schon vorbei.

SIE

Wie ist dir das passSIErt?

ER

Etwas hat mich gebissen ... ein seltsames TiER.

SIE

Ein seltsames TiER auf dER Geschäftsreise, mein LiebstER?

ER

Ein äußERst seltsames, die Einheimischen sagten, so etwas hätten SIE noch nie gesehen.

SIE

Hoffentlich kein giftiges.

ER

DER Arzt sagte, in ein paar Tagen ist es vorbei.

SIE

Dabei wollte ich dir heute Abend wilden Sex bieten.

ER

Wenn es mir bessER geht ...

Du freust dich nicht mit ihm schlafen zu müssen denn du weißt allzu gut, dass dies keine Bisse von einem seltsamen TiER sind sondERn von dER Frau ohne Orangenhaut.

Sɪᴇ

LiebstEʀ, ich habe übEʀ etwas nachgedacht ...

Eʀ

Ich muss dringend ins Bett ... auf einmal habe ich schreckliche KopfschmEʀzen ... wahrscheinlich kommt das von den Bissen ...

Sɪᴇ

AbEʀ, mein LiebstEʀ ... warte ... das ist sehr wichtig ... es geht um meine KarriEʀe.

Eʀ ist schon im BadezimmEʀ und hat die Dusche voll aufgedreht.

Sɪᴇ

Ich wEʀde allein kämpfen müssen! Eine Frau ist immEʀ allein egal ob Sɪᴇ für die Orangenhaut kämpft odEʀ gegen Sɪᴇ!

13. Zehn Regeln für vollkommene Zellulitis

Und wiedER sitzt du im Schönheitssalon zwischen dER Reifen und dER Problematischen abER etwas ist dieses Mal andERs. Sehr andERs. Du denkst darübER nach, Dinge zu ändERn. Du begreifst, dass die Welt in die falsche Richtung geht. Du stellst dir die wesentliche Frage wie damals als du SchriftstellERin warst WOHIN STEUERT DIESE WELT?

SIE

Etwas muss sich ändERn!

DIE REIFE

Dein Bleichmittel ist offenbar vERlaufen, hiER auf deinER Stirn.

DIE PROBLEMATISCHE

Guckt hiER denn niemand nach mir! Ich habe die Packung schon seit einER halben Stunde auf dem Kopf.

SIE

Eine Frau muss andERs sein!

DIE REIFE

AbER natürlich, meine Liebe. SIE ist es auch.

SIE

AbER sichtbar andERs. Wir müssen das haben was SIE nicht haben damit SIE sich wünschen das zu haben was wir nicht haben so wie wir uns das ganze Leben wünschen das zu haben was SIE haben nur so kann die GleichbERechtigung dER GeschlechtER ERreicht wERden!

DIE PROBLEMATISCHE

Von welchER GleichbERechtigung redest du? Nie im Leben
möchte ich im KörpER eines haarigen und vERschwitzten
Mannes stecken.

DIE REIFE

Richtig, SIE haben die Prostata und wir nicht!

DIE PROBLEMATISCHE

Und HERzinfarkte!

DIE REIFE

ERkranken öftER an Krebs.

DIE PROBLEMATISCHE

Und haben Schweißfüße.

SIE

DER Frau muss man zurückgeben was ihr vor langER Zeit
genommen wurde!

DIE REIFE

Und das wäre?

SIE

Die Orangenhaut!

DIE PROBLEMATISCHE

Pfui! Tickst du noch richtig?

DIE REIFE

Ich schlage mich hiER schon seit zwanzig Jahren mit vER-
schiedenen Präparaten hERum.

DIE PROBLEMATISCHE

Ich benutze SIE längER als die Damenbinden.

SIE

Nehmt die Elektroden von den Beinen!

DIE REIFE

Ich denke nicht dran.

SIE

Das ist schon bald dER letzte Schrei. Die Orangenhaut!

DIE PROBLEMATISCHE

Und was ERreichen wir damit. KeinER wird uns mehr an-
schauen.

SIE

Mit dER richtigen WERbung kann man alles ERreichen und
mein Mann hat genug Geld um mich glücklich zu machen.

DIE REIFE

Was sollen wir tun?

DIE PROBLEMATISCHE

Wo kriege ich jetzt all die Zellulitisschichten wiedER hER.

SIE

Nichts einfachER als das. Tut alles wie bishER nur umgekehrt.

Wenig Flüssigkeit.

Möglichst wenig Bewegung.

Sitzt so lange wie möglich vor dem FERnsehER.

Die KnabbEReien auf dem Schoß nicht vERgessen.

Macht keine Gymnastik.

Esst kein Obst und Gemüse.

Esst viel Fettes und Schokolade.

Gebt euch dem Alkohol hin.

Raucht.

Nehmt Rauschgift.

Und vERbringt so wenig Zeit wie möglich in Schönheitssalons.

14. Wohin steuert diese Welt

Du und dein Ehemann dER gERade von seinER Geschäftsreise zurückgekommen ist, die dieses Mal drei Monate dauERte und ihn auf die Bahamas führte, ihr sitzt am Tisch und esst. Du bist jetzt noch viel fülligER als letztes Mal und stopfst eine riesige Schokoladentorte mit Schlagsahne in dich hinein.

SIE

Und nachdem du mir das Geld geschickt hast bin ich zur Agentur und dort hat man mir gesagt dass SIE meinen Vorschlag prüfen wollen und ich sagte ihnen meine Idee sei genial da SIE das Selbstbewusstsein dER Frauen stärken wird und SIE sagten SIE würden sich spätER bei mir melden zunächst müssten SIE alles mit ihrem Chef und mit irgendeinem Ausschuss bERreden ich habe dann gewartet und es meldete sich eine Frau die mir mitteilte dass SIE darübER nachgedacht hätten und zum Schluss gekommen seien dass eine solche Lebensweise äußERst schädlich wäre und dass SIE wie jede andERe WERbeagentur nichts propagiERen dürfen das ungesund ist und so beschlossen SIE am Ende trotz meinER ganzen ÜbERzeugungsarbeit meinen Vorschlag abzulehnen.

ER

Heute Abend ziehe ich zu Jacqueline.

SIE

Bitte?

ER

Entschuldigung.

SIE

Ich habe nicht vERstanden. Wo ziehst du hin? Wir haben gar nicht darübER gesprochen, lass uns das jetzt tun.

ER

Keine Zeit. Morgen fliegen wir zurück auf die Bahamas.

SIE

Und dein Training für die nächste Spielzeit?

ER

Ich habe es dir noch nicht gesagt. Ich wechsele den VERein.

SIE

Auch darübER haben wir nicht gesprochen!

ER

Ich lasse dir die Wohnung und das Auto und die Yacht und viel Geld.

SIE

Das Wichtigste habe ich dir noch nicht gesagt ...

ER

Ich ruf dich an sobald ich auf den Bahamas bin.

SIE

Ich habe beschlossen, mehr zu essen und die Methode an mir selbst auszuprobiEREn.

ER

Davon mERke ich nichts.

SIE

Du mERkst nicht, dass ich etwas zugenommen habe.

ER

Nein, meine Liebe, das meinst du nur.

SIE

Ich bin heute Abend nicht in dein Lieblingskleid gekommen.

ER

Macht nichts, ein andEREs Mal.

SIE

An meinen Schenkeln bildet sich langsam Zellulitis.

ER

Das ist ja wundERbar.

SIE

Von dem vielen Essen ist wohl etwas durcheinandERgekom-
men und ...

ER

Reich mir bitte das Salz, Liebling.

SIE

Und jetzt ... bin ich schwangER.

ER

AbER du hast gar keine GebärmuttER, Liebling.

SIE

DER Arzt sagt ich hätte eine nur dass SIE vorübERgehend
nicht funktioniERt habe.

ER

AbER wir hatten keinen GeschlechtsvERkehr, Liebling.

SIE

Stimmt.

ER

Dann ist das Kind nicht von mir, Liebling.

SIE

Offenbar nicht.

ER

Dann ist ja alles in Ordnung, ich bin mit dem Abendessen fERtig und kann jetzt gehen.

SIE

Wie du willst.

ER

Könntest du mir bitte die Hemden aus dem Schrank zurechtlegen.

SIE

Alle odER nur die weißen?

ER

Und mir die Füße masSIEren, die tun mir schrecklich weh.

Du masSIErst ihm die Füße, masSIErst die Bissspuren von seinER Geliebten, stellst dir vor, wie SIE ihn auf eine völlig andEre Weise befriedigt, und fragst dich, wie ein so lichtER Moment dER Erkenntnis vERschwinden konnte und warum ER sich nicht an den Abend vor drei Monaten ERinnERt, als ihr euch auf dER TErrasse nach seinER Rückkehr von dER Geschäftsreise SIEben Minuten lang geliebt habt.

15. Pro und contra

Du stehst vor einER sehr wichtigen Entscheidung. Manche halten das für das schönste ERreignis im Leben einER Frau andERe für ein notwendiges Übel. In jedem Fall wird in genau viERundzwanzig Stunden das Wesen odER wie es manche liebER nennen dER Embryo die Größe ERreichen, ab dER seine legale EntfERnung aus deinem Leib vERboten ist. Dann wirst du die Entscheidung dafür odER dagegen treffen und endgültig und unwidERrufbar beschließen müssen ob das Wesen/Embryo das während einER RoutineuntERsuchung in dER Frauenarztpraxis entstand dein Kind wird odER nur eine von vielen Substanzen die für die HERstellung von Seife gebraucht wERden. Wenn du dich dagegen entscheidest wird dERselbe Arzt dER sich bemüht hat dir seinen Liebessirup in die GebärmuttER zu flößen und so dein Dilemma ausgelöst hat mit einigen geschickten Griffen den FehlER beseitigen und alles wird wie frühER. Wenn du dich abER dafür entscheidest das Wesen/Embryo zu behalten wird es zu einem Teil von dir in dir und außERhalb von dir und du wirst jedenfalls nie mehr allein sein. Die Entscheidung liegt bei dir, so zumindest pflegt man zu sagen.

SIE

Ich wERde nicht mehr allein sein.

EinERseits ist das gut, abER ...

Was kommt alles auf mich zu

All die Behandlungen

Und dann das KindERgeschrei

Die Krämpfe

Und davor jeden Morgen die Übelkeit

HungER HungER HungER

Und ER ist nicht mehr da

Ich will keine alleinERziehende MuttER sein

Als kleines Mädchen hatte ich große Angst davor

Recht geschieht mir

Ich bin geliefERt

AbER ich möchte es nicht zu Seife wERden lassen

Und was wenn es ein Junge ist

Und schwul odER ein BalletttänzER wird

Und wenn es ein Mädchen ist

Was wenn es schönER ist als ich

Ich eine alte Schachtel

Und SIE jung und hübsch

Wieso töten die MüttER nie ihre jungen und gepflegten TöchtER

Und dennoch ist SIE mein

Dennoch ist SIE in mir

Und ich wERde viel Zeit zum Nachdenken haben

Auch wERde ich eine Orangenhaut bekommen

Bestimmt

Schon deshalb ist es das wERt.

Ich behalte SIE.

HERr Doktor, ich bleibe doch schwangER.

16. Männer mögen treue Frauen

Du hast dich entschieden. Jetzt lastet alles auf dir. So wie immER nur dass du es nicht wusstest odER nicht wissen wolltest. Hätte dir als du ein kleines Mädchen warst und vor dem Spiegel Mamas Hochzeitskleid aprobiERt hast jemand ERzählt dass du eine alleinERziehende MuttER wirst, hättest du ihm geglaubt? Mama sagte sei deinem Mann treu und alles wird gut sein. Vielleicht ist das Ganze von deinem Seitensprung in dER Frauenarztpraxis gekommen. Vielleicht hat dER Frauenarzt alles deinem Mann ERzählt, und dER ist schnell zu dem Topmodel gelaufen um seinen SchmERz zu lindERn.

DIE REIFE

Ich glaube, du hast die richtige Entscheidung getroffen.

DIE PROBLEMATISCHE

Du bist vERrückt, hast du diesem Frauenarzt übERhaupt
gesagt, dass das Kind von ihm ist?

SIE

Das weiß ER.

DIE PROBLEMATISCHE

Und – will ER Alimente bezahlen?

DIE REIFE

Will ER dich heiraten?

SIE

ER sagt, ER treibt es mir sehr gERn kostenlos ab.

DIE REIFE

So ein Schwein!

DIE PROBLEMATISCHE

Was hast du von ihm ERwartet? WER weiß wie viele Frauen ER schon in seinER Praxis aufs Kreuz gelegt hat.

DIE REIFE

AbER ER hat nicht aufgepasst, das ist völlig unreif.

SIE

ER sagt, ER sei dagegen, dass man SpERma vERgeudet.

DIE REIFE

GroßER Gott!

DIE PROBLEMATISCHE

MERkst du denn nicht, dass dER dich vERarscht.

SIE

ER sagt, das sei gegen seinen Glauben und ich sei ein Flittchen.

DIE REIFE

HeuchlER!

DIE PROBLEMATISCHE

So sind die MännER.

SIE

ER sagt, ER ERzählt es nicht meinem Exmann untER dER Bedingung, dass wir uns nie mehr wiedERsehen.

DIE REIFE

UnvERschämt!

DIE PROBLEMATISCHE

Was ERwartest du? ER will keinen ÄrgER haben. Die MännER machen immER reinen Tisch.

SIE

ER sagt, ich sei an allem schuld, weil ich die HormonthERapie nicht machen wollte.

DIE REIFE

Die ER und dein Mann sich für dich ausgedacht hatten.

DIE PROBLEMATISCHE

Ich sag dir, das war ein Deal zwischen den beiden.

DIE REIFE

Hauptsache, du hast die richtige Entscheidung getroffen.

DIE PROBLEMATISCHE

Und jetzt wirst du dick wie ein Schwein.

DIE REIFE

Nicht, wenn du alles richtig machst. Als ich mit meinER TochtER schwangER war, habe ich kein einziges Kilo zugenommen.

DIE PROBLEMATISCHE

Du musst SchwangERschaftsgymnastik machen.

DIE REIFE

Und regelmäßig die Creme gegen SchwangERschaftsstreifen auftragen.

DIE PROBLEMATISCHE

Vitamine nehmen, damit die Zähne nicht ausfallen.

DIE REIFE

Auf die ERnährung achten.

DIE PROBLEMATISCHE

Und dich nicht aufregen. Babys hören alles.

SIE

Und die Orangenhaut?

DIE REIFE

Daran darfst du jetzt nicht denken, du hast WichtigERes zu tun.

DIE PROBLEMATISCHE
Die kommt schon von selbst.

SIE
Und was, wenn ich SIE nie mehr bekomme?

DIE REIFE
Jetzt ist nicht dER Moment an dich zu denken.

DIE PROBLEMATISCHE
Denk an das Baby!

DIE REIFE
Es nimmt jetzt die zentrale Stelle in deinem Leben ein.

DIE PROBLEMATISCHE
Und ERst recht nach dER Geburt!

DIE REIFE
Dann kommen die Krämpfe und Babygeschrei die ganze Nacht!

DIE PROBLEMATISCHE
Und vollgeschissene Windeln, pfui Teufel!

DIE REIFE
AbER dafür vERlässt dich nie ...

DIE PROBLEMATISCHE
DER MuttERinstinkt.

DIE REIFE
Keine Sorge.

DIE PROBLEMATISCHE
Alles wird gut gehen.

DIE REIFE
Und das Baby wird auch nicht einsam sein.

DIE PROBLEMATISCHE

Schau! Da steht es in dER Zeitung.

Ein bekanntER FußballspielER hat seine schwangERe Frau wegen eines hübschen Models vERlassen, mit dem ER in den letzten Monaten in den besten Hotels dER Welt gesehen wurde. Wie zu ERfahren war, ERwarten die NeuvERmählten im HERbst ebenfalls Nachwuchs. Hat dER wERdende VatER übER die Folgen seines LottERlebens nachgedacht, odER hat ER beschlossen, auf die Schnelle eine Fußballmannschaft zusammenzuzeugen.

17. Ein ganz (un)gewöhnlicher Tag

8.00 Du wachst mit Sodbrennen auf. Gehst zur Toilette
und ÜbErgibst dich. Betrachtest dich im Spiegel und
bewundErst dein olivgrünes Spiegelbild. Du wäschst
dir das Gesicht und vErdeckst mit dem Korrektur-
stift deine Augenringe. Du betrittst mit HeißhungER
die Küche.

9.00 Du stopfst hystErisch große Mengen allER möglichen Lebensmittel in dich hinein. Es ist niemand da,
dER dich bremst. Du isst, isst, isst, bis du wiedER zur
Toilette gehst und dich ERbrichst. Dann duschst du
und vErsuchst, dich anzuziehen. Du begreifst, dass
alles zu knapp geworden ist. Du ziehst den Trainings-
anzug an und gehst SchwangERschaftskleidung kau-
fen.

10.00 Im Geschäft stellst du dir vor, Julia RobERts in dem
Film Pretty woman zu sein. Du kaufst große Mengen
SchwangERschaftskleidER und ERzählst dER VER-
käufERin von angeblichen Empfängen deines Mannes,
für die du alle diese KleidER brauchst. SIE ist begeis-
tErt, als SIE hört, dass dein Mann ein FußballspielER
ist, sagt abER, SIE habe irgendwo gelesen, dass Sport-
lER die untreuesten MännER seien.

11.00 Zu Hause probiErst du alle diese KleidER noch mal
an. Es fällt dir ein, dass du vErgessen hast, die Creme
gegen die SchwangERschaftsstreifen aufzutragen. Für
einen Augenblick bist du glücklich. Du liebst dich

und liebst dein Baby. Du isst. Du ERbrichst dich. Du hasst dich und hasst dein Baby. Gewissensbisse. Dir fällt ein, dass du nichts für das Baby gekauft hast, dabei heißt es, in dER SchwangERschaft vERgeht die Zeit wie im Flug. Du gehst in ein Geschäft mit Babysachen.

12.00 Während du Babysachen kaufst, stellst du dir vor, wie dein Mann die schwangERe Jacqueline fickt. Du malst dir alle möglichen PERvERsitäten aus, die SIE trieben, als SIE noch nicht schwangER war, abER jetzt, da SIE schwangER ist, bekommt das alles noch mehr Bedeutung. Du fragst dich, ob ER sich vor ihren Warzen genauso ekelt wie vor deinen und ob SIE auch ein Arschgeweih hat wie alle Models heute odER ob ihre Haut weiß, glatt und makellos ist.

13.00 Du isst und schaust dir spanische FERnsehsERien an. Du spuckst, du isst, du spuckst, du isst, das geht so eine ganze Weile. Dein Mann fehlt dir. Du weinst. Dir wird leichtER.

15.00 Du machst dir Sorgen um die hungrigen KindER in Afrika. Stellst einen Spendenscheck aus. Fühlst dich viel bessER, weil du eine gute Tat vollbracht hast. Du spuckst. Du isst. Schließlich schläfst du auf dem Sofa ein.

19.00 Das Telefon und dER HungER wecken dich. Du schaffst es nicht bis zum Telefon, dafür abER bis zum Kühlschrank. Dein Mann hat dir eine Nachricht auf dem AnrufbeantwortER hintERlassen, morgen kommt

ER, um einige Dinge zu holen. Du isst hystERisch und ärgERst dich, dann fällt dir ein, dass du dich wegen des Babys nicht ärgERn sollst. Du zERbrichst das PorzellansERvice, das du von seinER MuttER bekommen hast. Du weinst. Du spuckst. Du ruhst auf dem Sofa.

21.00 Du übERlegst, welchen FehlER du gemacht hast. Du wolltest nur ein normales Leben. Nur das, was man auf Schritt und Tritt SIEht, einen Mann, eine Wohnung, ein Auto, KindER. Du wolltest nur einen Hund und Urlaub, Grillen mit Freunden und ein Leben ohne ÄrgER. Wieso ist alles anders gekommen? Für einen Augenblick vERgisst du völlig, schwangER zu sein, abER das ERbrechen ERinnERt dich wiedER daran.

22.00 Du gehst schlafen mit einem Gefühl dER Unruhe im Bauch. OdER ist es dein Kind?

18. Laufe nie vor ihm

Während du nackt vor dem Spiegel stehst und übER deinen
glatten Sechsmonatsbauch streichelst, denkst du ...

an die VERgangenheit, die an allem schuld ist

an deine MuttER, die dir zu viel Freiheit gelassen hat, als es
nicht angebracht war

an deinen VatER, den DJ, dER seine Freizeit mit mindERjäh-
rigen Gören im Klub vERbrachte

an die Jungen in dER Grundschule, die dir die ERsten nicht
mehr auszutreibenden Komplexe einredeten

an alle Frauen, die vom achtzehnten Lebensjahr an von dER
Idee besessen waren, den idealen PartnER zu finden

an alle Freundinnen, die in Ehen mit halb zurückgebliebe-
nen KarriEremännERn landeten und immER noch lächeln
wie in den WaschpulvERreklamen

an alle, die dir auf diese odER jene Weise nahelegten, es sei
höchste Zeit zu heiraten

an alle, die dir auf diese odER jene Weise einredeten, dass das
Leben kurz sei

sei schön

sei klug

sei ERfolgreich

sei entspannt

MännER mögen gepflegte Frauen

lackiER dir die Nägel auf diese Weise

schminke dich auf jene Weise

sei mystisch
sei unwidERstehlich
lache
zeige keine Sorgen
liebe seine MuttER
vERstehe seine Bedürfnisse
schaue dir Fußballspiele an
trage hohe Absätze
benutze deinen KörpER
sei wortgewandt
sei entschlossen
sei vERführERisch
sei tapfER
sei romantisch
zeige Initiative
zeige FantaSIE
sei glamourös
bEReite ihm das Abendessen
gebäre ihm ein Kind
flirte nie mit andEREn
und am wichtigsten
laufe nie vor ihm
das gehört sich nicht.

19. Frauen gegen die Frau

Du spaziErst mit dickem Bauch durch die Stadt. Du hast dein Lieblingskleid an. Fühlst dich wohl. Fühlst dich bombig. Fühlst dich als die MuttEr deines ungeborenen Kindes. Du hörst nicht die Kritiker die du in den vERgangenen Tagen übEr dich ERgehen lassen musstest. Du hörst keine Worte. Du hörst keine Stimmen obwohl SIE sich hartnäckig bemühen dich zu ERreichen. Deine Freiheit geht ihnen auf die NERven. Deine Selbstständigkeit geht ihnen auf die NERven. Du und dein Kind ihr geht ihnen auf die NERVen. SIE raufen sich die Haare. SIE schlagen mit dem Kopf gegen die Wand. Treffen sich zum Kaffee, um übER dein Leben hERzuziehen. VERschütten den heißen Kaffee auf die Schenkel und geben dir dafür die Schuld. Stellen Fragen. Geben Antworten. Drehen sich im Kreis mit dir in dER Mitte. UntER ihnen deine MuttER, die Nachbarinnen, die Freundinnen, die Bekannten, die Rivalinnen, die SchaltERbeamtinnen, die BäckERsfrauen, die Sekretärinnen, die KrankenschwestERn, die MinistERinnen, die Journalistinnen, die Friseurinnen, die NichtbERufstätigen, die WissenschaftlERinnen, die Putzfrauen und andERe mehr.

Ihretwegen wird das Kind keinen VatER haben.

UnvERantwortliche PERson.

SIE sollte sich schämen.

SIE hat ihren Mann mit dem Frauenarzt betrogen, recht geschieht ihr.

Kein WundER, dass ER SIE mit dem Model betrogen hat.

Sieh nur, wie Sie mit diesem Bauch hErumstolziErt.

Sie sollte sich liebEr um ihre Gesundheit kümmErn, statt hErumzuspaziEren.

Ich hab gehört, dass Sie in ihrEr Jugend GebärmuttErkrebs hatte.

Vielleicht kommt das Kind missgebildet auf die Welt, weil Sie Medikamente eingenommen hat.

GestErn hab ich Sie gesehen, wie Sie Geld für KleidEr ausgab.

Sie masturbiErt bei Pornofilmen.

Ein Flittchen ist Sie.

In dEr Zeitung stand, dass Sie gestrippt hat.

Die Hure!

Sie wollte normal sein, abEr das kann nicht jede.

Ich hab gehört, dass Sie junge MännEr mag.

Und dass Sie Sado-Maso-Sex praktiziErt.

Man sollte Sie in eine Anstalt stecken.

Man sollte ihr sofort nach dEr Geburt das Kind wegnehmen.

So eine kann keine MuttEr sein.

Eine richtige Nutte!

Sie war eine schlechte Ehefrau, deshalb ist Sie jetzt allein.

Sie dachte nur an sich.

Sie kann nicht einmal richtig kochen.

Guck, wie dick Sie geworden ist.

Sie lässt sich gehen.

EhebrechErin!

Sie hatte einen so gut aussehenden und klugen Mann.

Nichts war ihr gut genug!

Recht geschieht ihr.

SIE wird im Krankenhaus enden!

Im Gefängnis!

In einER Anstalt!

SIE benahm sich schon immER komisch.

Solchen PERsonen sollte man das KindERkriegen vERbieten.

Armes Kind, das eine solche MuttER hat.

Ewig unzufrieden!

Schon als Kind war SIE nicht zu bändigen.

Ein Glück, dass wir nicht so sind.

Wann kommt dein Mann von dER Geschäftsreise zurück?

Wir haben noch Zeit, gieß ruhig den Kaffee auf!

20. Es ist ein Mädchen

Man sagt die wichtigsten EReignisse des Lebens laufen vor dei-
nen Augen ab wenn du den Tod kommen spürst. Du liegst auf
dem Entbindungstisch und vERfluchst den Tag an dem du
darauf dein Kind empfangen hast und vor deine Augen treten
nicht BildER dessen was war sondERn dessen was hätte sein
können.

Sie

Ich wurde StripteasetänzERin in einem Luxushotel und vER-
diente eine Menge Geld das ich für Rauschgift und VERgnü-
gungen ausgab und eines Nachts fand man mich zERstückelt
in schwarzen Plastiksäcken in fünf MüllcontainERn.

Sie

Ich wurde eine anERkannte Chirurgin im bekanntesten
Krankenhaus dER Stadt und hatte keine Zeit eine Familie
zu gründen und KindER zu kriegen dafür opERiERte ich
und rettete vielen Menschen das Leben bis ich einmal dER
OpERation eines Kollegen beiwohnte dER aus Unachtsam-
keit den Patienten tötete und mich danach vERgiftete indem
ER mir eine Ampulle Morphium in den Hals kippte.

Sie

Ich wurde SchriftstellERin und schrieb einige BestsellER.
Danach hatte ich kein Problem eine Arbeit zu finden abER
einmal schrieb ich etwas das ich nicht hätte schreiben sollen
und landete zunächst im Gefängnis und dann untER dER
ERde.

Sie

Ich wurde EigentümERin eines großen UntERnehmens und endete sehr bald im Leichenschauhaus.

Sie

Ich wurde Hausfrau weil ich dachte dass es dER sichERste BERuf ist und hatte einen Mann und drei KindER, abER mein Mann ERtrug meinen Anblick nicht und so inszeniERte ER einen RaubübERfall bei dem ich getötet wurde und dann in dER AutopSie endete.

Während ich mir all dies vorstelle zERreißt mir das Kind den Bauch und biegt mir die Knochen auseinandER dass es mich fast zweiteilt und kommt dann hERaus in die Stille die von seinem Schrei untERbrochen wird und von einem dER zwei üblichen Sätze: ES IST EIN MÄDCHEN.

21. Du hast das Leben vor dir

Du beugst dich übEr ihr Bettchen und beobachtest Sie, während Sie schläft. Du denkst darübEr nach, was Sie im Leben alles ERwartet, was mit ihr alles geschehen kann.

Sie könnte
Die Welt VERändERn
       Eine Pilotin wERden
           Den Friedensnobelpreis bekommen
In einER Irrenanstalt landen
              Ein Mittel gegen Aids ERfinden
       Ein Model wERden
Eine MördERin
          Eine Architektin
     Im Krieg stERben
            Einen Oscar bekommen
       An Krebs ERkranken
Eine SchauspielERin wERden
          Eine LesbiERin
      In die Prostitution gezwungen wERden
    Eine WissenschaftlERin wERden
Auf den Strich gehen
           FERnsehmodERatorin
     TERroristin
Gute MuttER
            KindsmördERin ...
Sie hat das Leben vor sich!

22. Manifest und Ende

Danach folgt Stille. Du bist auf das Dach dER Kathedrale ge-stiegen und rufst aus vollem Hals. Es gibt kein pompöses Ende. Keine übERtriebene Botschaften. Keine logische Reihenfolge. Keine Identifikation. Gar nichts.

Die Kunst als Orgasmus
dER Orgasmus als Kunst
Wir leben in Zeiten
in denen beides als Tatsache gegeben ist
und zugleich völlig vERnachlässigt wird
So wie sich niemand mehr fragt ob es echte Kunst gibt
odER nur die Simulation des Simulakrums
Dasselbe gilt für das kostbare organische/körpERliche Be-dürfnis Orgasmus
Ach diese CybER-Orgasmen
ach diese vielfältigen konstruiERten PErvERsionen
ach diese asexuellen Cyborgs die sich einbilden Sexsymbole zu sein
ach diese langweiligen Pornofilme mit all den bekannten Stellungen von A bis Sch
ach diese ERmüdenden Polemiken darübER was Pornogra-phie ist und was nicht
ach dieses ständige Bedürfnis nach Abwechslung
ach diese süßen Hilfsmittel aus Stahl Plastik Gummi Sili-kon – wie lange noch
Und wann wart ihr zuletzt im Bett von elf bis fünf

statt wie besessen nach passendem Fleisch zu suchen das sich
in euren Mund entleERt
und unzählige Male in dER FantaSIE den Höhepunkt zu
ERreichen odER meistens nicht
Wann habt ihr zuletzt diesen Augenblick des reinen Orgasmus als Inspiration genutzt wann habt ihr zuletzt daran geglaubt dass ER das einzig Wahre ist das euch geblieben ist
Das Einzige wovon ihr behaupten könnt es gehöre nur euch
Feministin
oh nein ich bin keine Feministin
noch intEResSIErt mich wirklich was dieses Wort bedeutet
Ich kann nur sagen dass ich allein in seinem Klang
meine konstruiERte Figur finden kann
als eine nichtfeministische Hülle
glatt gebügelt in vielen strengen ComputERprogrammen
zur virtuellen PERfektioniERung eines realen KörpERs
künstlich vERlängERtes blondes Haar
keine SchwangERschaftsstreifen
keine Zellulitis
vielleicht ein wenig an den Wangen als dER neue Trend
alles Übrige in den Sphären realER westlichER StEReotypen
fühlt ihr euch manchmal nicht doch so wohl darin
so inspirativ
sehr feministische Organe
ein feministisches HERz
eine feministische LebER
und natürlich eine rosige feministische GebärmuttER
Wäre ich so würde ich mich in den MülleimER wERfen

auf einen Haufen Schokoladentorten

aus dem benachbarten multinationalen UntERnehmen ...

Ein fabelhaftER KörpER mit einER so großen Möglichkeit

dER Konstruktion

dER Reproduktion

dER Dekonstruktion

und andERER Masturbationen

Wozu etwas was euER KörpER nicht selbst produziERen kann

Niemand nimmt mir das Recht auf die Authentizität jedER meinER Poren zugestopft mit Milligrammen von Sekret kombiniERt mit SpERma

auf die Wunden dER HühnERaugen

auf die blauen Flecken an den Knien

und ganz besondERs nicht auf die Authentizität meinER mentalen PERvERsionen

Wann habt ihr zuletzt von euren ERogenen Zonen gesprochen

von den Punkten übER die ihr nichts wisst

während ihr euch bemüht habt im Fitnessstudio euER „innER self" zu entdecken

und dabei große Mengen an nichtkreativem Schweiß abgesondERt habt

Ich liebe den Schwanz

Ich liebe ihn in vERschiedenen Formen und an vERschiedenen Stellen

Ich liebe es ihn zu entdecken und dass ER mich entdeckt

Ich liebe es mit dem Schwanz zu schreiben übER mich

auf mir

Meine einzige kreative EnERgie kommt von meinER Sexualität

und von dER Angst vor ihr

Ich bin meine einzige Waffe

gegen die andEREn odER gegen mich gERichtet

Ich fürchte keine StEReotypen

weil mein Orgasmus nicht in diese Kategorie gehört

Ich schreibe mit SpERma und mit Sekret

Mit ihnen wERde ich mich vERteidigen

Hoch leben alle die sich zum mutigen Gebrauch ihres KörpERs bekennen

Und ist es nicht höchste Zeit dass jede von euch wenigstens einmal Macht ERfährt während ihr um die Stange tanzt

in einER Stripteasebar

während untER euch ein Haufen MännER seibERt

die euch bERühren dürfen nur wenn ihr es wollt

wann ihr es wollt

Welche stEReotypen Fakten hindERn euch daran

welche Ängste

Die Authentizität dieses Gefühls wird für immER um die Eisenstange hERumschweben

odER nicht

Dies ist meine Zeit und jedes Teilchen diesER Zeit ERlebe ich durch mich

Vielleicht ist es doch bessER dass nur ich es bin

Oh nein ich bin nicht besondERs

BesondERs bin ich nur für mich

Und einfach
Und kompliziERt
KonstruiERt odER nicht
real odER nicht
Bedeutungen ERzeugen odER nicht
das entscheide ich selbst
Gefallen
Nicht gefallen
Gefallen
Nicht gefallen
Gefallen
Nicht gefallen
Gefallen
Nicht gefallen
sich selbst
ist die einzige Voraussetzung
odER nicht
denn es gibt keine Regeln
SIE wurden schon längst abgeschafft
Selbstporträt
Selbstprüfung
Selbstzensur
SelbstvERletzung
Ja odER nein?

Foto: Ivan Sijak

Biljana Srbljanović, 1970 in Belgrad geboren, schreibt seit 1995 Theaterstücke und konnte bereits mit ihren ersten beiden Stücken „Belgrader Trilogie" und „Familiengeschichten Belgrad" große Bühnenerfolge feiern. Auch mit den folgenden Stücken („Supermarket. soap opera", „God save America", „Heuschrecken" und „Barbelo, von Kindern und Hunden") war sie äußerst erfolgreich, wovon neben zahlreichen Inszenierungen auch wiederholte Einladungen zu internationalen Festivals, Werkaufträge von renommierten deutschen Theatern und Auszeichnungen wie der Ernst-Toller-Preis und der „Europe Prize New Theatrical Realities" (Premio Europa) zeugen. Bis heute sind ihre Stücke weltweit bereits an mehr als 100 Bühnen inszeniert worden. Biljana Srbljanović lebt in Belgrad und Paris.

UA: 26. 04. 2005, Jugoslovensko Dramsko Pozorište, Belgrad, Regie Dejan Mijać
DEA: 22. 04. 2006, Staatstheater Stuttgart, Regie Barbara David-Bruesch

Foto: Miladin Colaković

Milena Marković, 1974 in Belgrad geboren, schreibt Theaterstücke und Drehbücher, in Serbien ist sie darüber hinaus auch als Lyrikerin bekannt. Ihren internationalen Durchbruch als Dramatikerin erzielte sie mit ihrem Stück „Schienen", das seit der Uraufführung 2002 an zahlreichen Bühnen im In- und Ausland inszeniert und mit zahlreichen Preisen geehrt wurde. Inszenierungen ihrer Stücke „Das Puppenschiff" und „Der Wald leuchtet" feierten auf internationalen Festivals große Erfolge. Neben ihrer schriftstellerischen Arbeit unterrichtet sie an einer privaten Hochschule szenisches Schreiben. Milena Marković lebt in Belgrad.

UA: 28. 10. 2008, Atelje 212, Belgrad, Regie Tomi Janežić

Foto: Tamara Bosković

Maja Pelević, 1981 in Belgrad geboren, hat Theaterwissenschaften studiert und drei Jahre als Dramaturgin am Belgrader Nationaltheater gearbeitet. Sie ist Redakteurin der Theaterzeitschrift „Szene" und Mitinitiatorin einer Internetplattform für neue serbische Stücke. Als Autorin ist sie in Serbien sehr populär, ihre Stücke werden viel gespielt und sind mehrfach mit Preisen bedacht worden, u. a. wurde „Orangenhaut" 2010 beim Theaterfestival in Novi Sad als bestes serbisches Gegenwartsstück des Jahres ausgezeichnet. Auch international finden ihre Stücke viel Beachtung, „Orangenhaut" ist bereits in mehrere Sprachen übersetzt worden. Maja Pelević lebt in Belgrad.

UA: 30. 04. 2006, Atelje 212, Belgrad, Regie Goran Marković
DEA: 04. 09. 2009, Städtische Bühnen Osnabrück, Regie Mirja Biel

henschel SCHAUSPIEL *edition*

edition #7
Soeren Voima: Herr Ritter von der traurigen Gestalt / Eos / Volpone oder Stirbt der Fuchs, so gilt der Balg
Stücke
ISBN 978-3-940100-07-8, broschiert, 284 Seiten, Euro 16,80

edition #8
Marius von Mayenburg: Der Stein / Freie Sicht / Der Hund, die Nacht und das Messer / Perplex
Stücke
ISBN 978-3-940100-08-5, broschiert, ca. 240 Seiten, Euro 16,80

Bestellungen sind über buch@henschel-schauspiel.de, über das „bücher"-Portal auf unserer Homepage oder über den Buchhandel möglich. Versandkostenfreie Lieferung bei Direktbestellungen über den Verlag.